코로나에 숨은 행동심리

언택트
심리학

코로나에 숨은 행동심리
언택트 심리학

제1판 2쇄 발행 | 2020년 12월 21일

지 은 이 | 정인호
펴 낸 이 | 박성우
펴 낸 곳 | 청출판
주   소 | 경기도 파주시 안개초길 18-12
전   화 | 070)7783-5685
팩   스 | 031)945-7163
전자우편 | sixninenine@daum.net
등   록 | 제406-2012-000043호

ISBN | 978-89-92119-82-5 03320

※파본이나 잘못된 책은 바꿔 드립니다.

코로나에 숨은
행동심리

UNTACT PSYCHOLOGY

언택트
심리학

by 징인호

출판

—— ◆ ——

"절대적으로 공공연하고 보편적 관점은
존재하지 않는다."

"There is no point of view absolutely public and universal."

윌리엄 제임스

C O N T E N T S

'위기일수록 인간의 본성은 더욱 두드러진다'

　　전 세계가 코로나19라는 팬데믹에 직면하면서 인간은 한 번도 경험해보지 못한 위협에 노출되었다. 위협에 노출된 인간은 어떻게 반응하고 있는가? 인지된 위험에 처했을 때 인간은 공포에 휩싸이게 되고 더욱 비합리적이며 이기적으로 행동하게 된다. 코로나19가 확산하면서 병원, 소방관 등 직업상 마스크가 필수인 직군에서 큰 우려가 되고 있는 상황에도 세계 곳곳에서 마스크, 손세정제 등의 위생용품뿐만 아니라 생필품 사재기 현상이 나타났다. 홍콩에서는 무장강도가 슈퍼마켓에 침입해 1,000홍콩달러 어치의 마스크와 화장지를 훔쳐 달아났고, 이란 정부는 마스크 가격이 급등하자 약국 판매를 금지하고, 마스크 사재기로 적발될 경우 최고 교수형까지 처할 수 있다고 경고했다. 사회적 거리가 의무화되었고 사람들은 얻을 것보다 잃을 게 많다는 걸 알면서도 사람간 접촉을

시도한다. 프랑스에선 여전히 사람들이 테라스에 모여 사회적 거리
두기의 원칙을 깼고, 독일 바이에른주는 엄격한 자가격리 조치를
취했지만 사람들은 여전히 함께 했다.

코로나19는 인간의 본성이 타인의 고통에 무관심하고 자신의 쾌
락을 위해 언제든 타인을 희생시킬 수 있음을 입증하고 있다. 무
엇보다 위기일수록 인간의 본성은 더욱 두드러지고 다양한 심리
적 현상을 낳는다. 위기상황에 직면한 인간의 대표적 본성 두 가지
를 소개한다.

#1. 1964년 3월 13일 새벽 3시 무렵 미국 뉴욕주 퀸스
주택가에서 키티 제노비스Kitty Genovese라는 29세 여성이 자신의 아
파트 앞에서 흑인 남성으로부터 칼에 찔린 채 숨졌다. 제노비스는
분명하고 큰 목소리로 구조 요청을 하였고, 아파트에 살던 동네 사
람들은 불을 켜고 사건을 지켜보았다. 뉴욕타임스는 이 사건을 심
층 취재해 1면 톱기사로 내보냈다. '살인을 목격하고도 경찰에 신
고하지 않은 38명'이라는 제목의 이 기사는 미국 사회에 큰 충격을
안겼다. '38명의 목격자'는 타인의 곤경에 냉담한 익명의 도시인을
상징하게 됐고, '키티 제노비스'라는 이름은 불운의 상징이 됐다. 이
사건을 통해 목격자가 많을수록 책임감도 약해진다는 '책임감 분
산 효과' 또는 '방관자 효과bystander effect'란 심리학 용어가 탄생했다.

#2. 1971년 8월 14일 스탠퍼드대 심리학과가 위치한 조던 홀 지하에 작은 감옥이 들어섰다. 미국과 캐나다 중산층 출신 중 정신적으로 문제가 없고 잘 교육받은 70명 중 24명을 뽑아 간수 12명과 죄수 12명으로 배역을 나눠 맡겼다. 일당 15달러를 주기로 하고 최장 2주간 실험을 진행하기로 했다. 교도관과 재소자의 성격적 특성이 수감환경에 어떤 영향을 미치는지 관찰하기 위해 실험 진행자는 개입하지 않기로 했다. 실험 첫날부터 죄수들은 크고 작은 소동을 일으키며 반항했고, 간수들은 이들을 통제하고자 엄격한 규칙을 만들고 물리적 제재를 가했다. 갈등은 점점 심해졌고 간수 역의 학생들은 죄수 역의 학생들에게 심리적 모욕은 물론, 신체적 학대도 서슴지 않았다. 결국 2주 예정의 실험이 만 6일째인 8월 20일 종료됐다. '스탠퍼드 감옥 실험'은 사회적 환경과 주어진 역할에 따라 선량한 사람도 악마적 존재가 될 수 있다는 사실이 밝혀졌다. 필립 짐바르도Philip Zimbardo 교수가 주도한 이 실험을 통해 '루시퍼 효과lucifer effect'란 심리학 용어가 탄생했다.

위 두 사례 외에도 위기일수록 드러나는 인간의 본성은 다양한 심리적 현상을 낳았다. 문제는 이런 인간의 이기석 본성이 심리적 현상만으로 그치는 것이 아니라 경제사회를 움직이는데 결정적인 역할을 한다는 것이다. 현대 경제학의 근간이 된 애덤 스미스Adam Smith의 자유주의 경제론에서도 '우리가 저녁 식사를 기대할 수 있는 건 푸줏간 주인, 술도가 주인, 빵집 주인의 자비심 덕분이 아니라, 그들이 자기 이익을 챙기려는 생각 덕분이다. 우리는 그들의 박애심이 아니라 이기심에 호소하며 우리의 필요가 아니라 그들의 이익만을 그들에게 이야기한다.'며 자본주의의 작동원리를 설명하고 있다. 이러한 인간 행동의 실제와 그 원인, 그것이 경제사회에 미치는 영향을 고찰하는 학문을 '행동심리학psychology of behavior'이라고 한다. 행동심리학은 주류 경제학을 보완할 수 있는 새로운 분야의 학문으로 각광받고 있으며, 행동경제학, 행동결정이론, 인지경제학으로 불리기도 한다. 행동심리학은 경제를 움직이는 인간의 심리를 실제적으로 고찰한 학문이라는 점에서 기업이나 정부에서 간과할 수 없는 거대한 흐름이다.

러시아의 대문호 레프 톨스토이Leo Tolstoy의 대표작《안나 까레니나Anna Karenina》라는 소설의 첫 장에 다음과 같은 문구가 등장한다. "Happy families are all alike ; every unhappy family is unhappy in its own way. 모든 행복한 가정은 서로 닮았고, 모든 불행한 가정은 제각각으로 불행하다." 일종의 행복한 가정에 대한 정의라 할 수 있는데, 이 개념을 경제학적 개념으로 정리하면 다음과 같다. "Rational agents are all alike ; every irrational agent is irrational in its own way." 즉, 합리적인 개인들은 동일한 형태로 합리적 행동을 하지만, 비합리적인 개인들은 각기 다른 방식으로 비합리적으로 행동한다. 이 개념을 풀어서 해석해보면 전통 경제학자들은 합리성이라는 프레임에서 벗어나는 것에 대한 부담감이 크다. 하지만 행동심리학자는 사람들이 비합리적인 행동을 할 때에는 거기에 특정한 패턴이 있음을 강조한다. 그리고 그 패턴을 이해하는 것이 다양한 정치 · 경제 · 사회적 문제와 갈등을 해결하는데 매우 중요하다고 주장한다. 그렇게 함으로써 인간에 대해서 훨씬 더 잘 이해할 수 있고 많은 정책적 함의들을 가져올 수 있다.

지금까지 전통 경제학은 물질적인 보상체계에만 집중하여 인간의 행동을 변화시키려 했다. 예를 들어 2015년 한국 정부가 국민의 흡연율을 낮추기 위하여 담배가격과 세금 인상을 단행했다. 담배가격은 하루 아침에 2,500원에서 4,500원으로 올랐고, 담배세 또한 110%나 인상되었다. 당시 한국금연운동협의회장은 4,500원도 너무 싸다며 선진국 수준으로 더 올려야 국민건강을 위해 금연이 확산된다고 주장했다. 그러나 담배판매량은 담배세 인상 전과 비슷한 수준으로 복귀되었다. 이러한 정책은 지방재정에는 도움이 되겠지만 국민의 건강 증진 측면에서는 인간의 심리적 특성을 잘 이해하지 못한 탁상공론식 행정이다. 특히 코로나19와 같이 심각한 경제위기상황에서 인간의 심리를 제대로 파악하지 못한 정책은 경제적 손실뿐만 아니라 나라 전체를 후퇴하게 만들고 후손들에게 부끄러운 미래만 남겨주게 된다.

의료 선진국들도 맥 못춘 코로나19 상황에서 K-방역이 나름의 성공을 거두게 된 배경에는 사스와 메르스를 통한 학습효과 덕분이다. 바이러스와 인간의 비합리적인 행동에 대한 패턴을 알고 선제적으로 대응했기 때문에 가능했다. 때문에 선진국의 경우 의회 내에 행동심리학 팀을 두어 정부가 정책을 수립할 때 다양한 행동심리적 요인들에 대한 조언을 아끼지 않는다.

이 책은 코로나19로 가속화되는 언택트 시대를 실제로 경험해보거나 의문을 가진 실제 사례를 중심으로 비합리적 의사결정을 내리게 되는 심리적 현상들을 파헤치려고 최대한 노력했다. 그렇게 잘난 미국은 왜 확진자가 많고 마스크를 쓰지 않는지, 대통령까지 나서가며 긴급재난지원금 기부를 홍보했지만 실패한 이유가 무엇인지, 국민은 왜 대구·경북 시민을 그렇게 혐오하는지, 자가격리자가 무단이탈하는 이유는, 코로나19의 여파에도 명품 판매량은 여전한지, 육류의 소비가 갑자기 늘어난 이유는, 게이를 미워하면 안되는 이유는, 함께 있어도 행복하지 않는 이유 등 코로나19 상황에서 일어난 인간 행동의 이면을 다양하게 다루었다.

이 책이 인간의 심리를 제대로 알고 그것을 최대한 활용하는 방식으로 정책이나 제도가 만들어진다면, 필자로서는 더없는 영광일 것이다. 아울러 우리의 삶은 누군가의 의도에 의해서나, 누군가를 의식해 내려졌던 결정들이 너무나도 많다. 문제는 우리가 이런 현상에 무감각해진다는 데 있다. 더 나은 선택, 더 현명한 결정을 위한 귀중한 지침서가 되기를 희망한다.

2020년 7월

정인호

01

혐오 대상을
찾아라!

"모든 정의는 말들과 함께 시작되지만,
모든 말이 정의로운 것은 아니다."

자크 데리다Jacques Derrida

집단 혐오의
분출

#1. "이제 대구 사람이라면 치가 떨린다." "대구·경북
탈출은 지능순" "대구 시민들은 평생 미안한 마음을 갖고 살아라."
코로나19의 발원지를 대구·경북으로 지목하고 감염병 대규모 확
산의 책임을 대구·경북 시민들에게 돌리는 내용이다.[1] 모두가 알
만한 한 정치인은 "대구는 손절해도 된다." "코로나 사태는 대구 사
태다."라고 명명했고, 일부 기업에선 대구 지역의 응시자에게 면접
을 보러 오지 말라는 일까지 벌어졌다. 2020년 2월 18일 대구 지역
첫 코로나19 확진자이자 대구 신천지 교인인 31번째 환자가 발생
한 직후부터 포털 사이트와 인터넷 커뮤니티에는 대구·경북 시민
들을 힐난하고 혐오감을 드러내는 게시물들이 끊이지 않았다.

#2. 코로나19의 발원지가 중국 후베이성 우한시라는 이유로 중국인뿐만 아니라 외모가 비슷한 아시아계 전체를 향한 혐오가 급증하고 있다. 독일 프랑크푸르트에 사는 15세의 한국여성은 애쉬본 지역 학교 하교길에 다른 학교 학생들로부터 코로나 감염자라고 놀림당하고 허리띠로 얼굴을 가격당했다. 영국 런던에 사는 31세의 한국여성은 옥스퍼드 서커스 지하철역 내에서 코로나바이러스를 언급하는 흑인남성으로부터 다짜고짜 뺨을 폭행당하는 피해를 입었다.

#3. "게이 아웃" 경기도 용인의 66번 확진자가 다녀간 서울 이태원 클럽을 중심으로 코로나19 집단감염 사례가 연일 확인되자 성 소수자 집단이 도매급으로 비난의 화살을 맞았다. 한 누리꾼은 "신천지에 이어 게이까지 비정상적인 집단이 정상적인 사람들에게 피해를 주고 있다."고 힐난했다.

코로나19는 국민들의 불안감을 크게 자극하여 우리의 일상생활을 뒤바꿔 놓았다. 특히 위 3가지의 사례에서 보듯 대구 시민, 중국인, 성 소수자 집단 등에 대한 반감이 여과 없이 드러나면서 코로나19에 대한 불안이 집단 혐오의 정서로 분출되었다.

여성 혐오, 장애인 혐오, 성 소수자 혐오, 지역적 혐오, 여기에 코로나 혐오까지 우리가 문제시하고 있는 각종 혐오는 자연 발생한 게 아니라 사회적으로 형성된 감정이다. 즉 혐오는 '증상symptom'이다. 증상을 잘 관찰하는 일은 중요하지만 서로 비난하는 상황에만 매몰되면 곤란하다. 따라서 우리는 혐오를 사회악으로 지목해 도덕적으로 지탄하는 수준에만 그칠 것이 아니라 그것을 만들어내는 진짜 원인들을 찾아내야 한다.

혐오란 무엇일까? 혐오라는 개념은 사실 정립된 것이 없다. 어떨 때는 분노 또는 분개에 가깝고 어떨 때는 증오, 어떨 때는 역겨움에 가깝다. 이번 코로나19로 대구 시민, 중국 우한시, 성 소수자에 대한 혐오는 불안의 방어기제와 가깝다.

좀비와
코로나

그렇다면 혐오는 어떻게 발생되고 확산되는가? 혐오는 무엇보다 인간의 이기성에 기인한다. "그냥 닫아!" 정체를 알 수 없는 바이러스가 서울과 천안, 대전을 거쳐 지역사회에 퍼지기 시작하는 무렵, 바이러스를 피해 부산행 KTX 열차를 탄 버스회사 상무인 용석은 자신만 살고자 달려오는 이들을 보고도 코앞에서 문을 닫아버린다. 지옥의 열차 칸을 죽을힘으로 뚫고 나온 사람들을 향해 "감염자일 수도 있다."고 까지 몰아세운다. 2016년 개봉한『부산행』영화의 한 장면이다.

영화『부산행』은 누적 관객수 11,567,662명으로 역대 한국영화 흥행 순위 11위다. 영화의 내용은 이렇다. 정체불명의 좀비 바이러스가 전국으로 확산되면서 대한민국 긴급재난경보령이 선포된 가운데, 열차에 몸을 실은 사람들은 단 하나의 안전한 도시 부산까지 살아남기 위한 치열한 사투를 벌인다. 영화를 본 분들은 알겠지만 『부산행』은 비극적인 세계관을 담고 있다. 국가는 개인을 보호해줄 수 없고 개인을 보호해줄 수 있는 가장 기본적인 사회 단위가 가족이다. 가족을 지키고 싶은, 지켜야만 하는 사람들의 극한의 사투 속에 인간의 이기성을 비극적으로 보여준다. 일단 나만 살고 보자는 용석의 이기심은 부산행을 탑승한 모든 사람들을 죽음으로 몰아넣는다.

인간이 지닌 이기성은 자신으로부터 차단하려는 욕구가 강하다. 영화 부산행의 좀비 바이러스, 우리 삶의 코로나 바이러스와 같은 재난 상황에서는 더욱 강렬해진다. 선과 악을 구분하듯 우리와 타자로 구분하여 존재 자체를 부정한다. 바퀴벌레나 뱀과 같은 파충류들의 존재 자체를 부정하듯 인간은 자신을 구별할 수 있는 집단을 선호하고, 그들은 진정한 인간과 저열한 인간 사이의 경계선을 예시하게 된다. 그래서 인간의 역사가 존재한 이래로 특정한 혐오의 속성들은 반복적이고 변함없이 특정한 집단과 결부되어 왔으며, 실제로 그들의 삶에 투영되어 왔다. 특권을 지닌 사람들은 유대인, 여성, 동성애자, 하층 계급들을 혐오의 대상, 타자로 구분하여 우월한 인간적 지위를 명백히 하려고 했다. 나아가 이들은 울타리를 치고, 장벽을 세우고, 철조망을 쳐서 자신의 영역으로 넘어오는 것을 허용하지 않는다.

미국의 사회심리학자인 무자퍼 셰리프Muzafer Sherif는 1954년, 9세부터 11세까지의 남자아이들을 대상으로 '로버트 동굴 공원The

Robber's Cave' 실험을 했다. 그는 아이들을 두 그룹으로 나눈 뒤 처음에는 서로의 존재를 모르게 한 채 캠프지인 '로버트 동굴' 즉 '도둑 robbers 동굴'로 가도록 했다. 그들은 일주일 동안 캠핑도 하고 하이킹도 하면서 자연스럽게 동료의식이 싹텄다. 그 후 다른 그룹이 근처에 있다는 것을 알리고 두 그룹이 만나 줄다리기나 야구 같은 경쟁할 수 있는 시합을 하도록 했다. 그 결과 그룹 내의 동료의식은 높아졌지만 상대 그룹에 대한 적대감이 생겼고 시합 중에는 상대를 혐오하거나 공격적인 행동을 보였다. 실험과 시합이 모두 끝난 후에 "친구를 만난다면 현재 그룹과 상대 그룹 중 어느 쪽을 선택할 것인가?"라는 질문에 90퍼센트 이상의 아이들이 현재의 그룹을 선택했다. 문제는 여기서 머물지 않았다.[2] 두 그룹의 적대적 혐오관계를 해소하기 위해 함께 식사를 하거나 영화를 감상하도록 했지만 식사 중에 싸움이 터졌고 팝콘을 상대의 머리에 뿌리는 등 관계는 전혀 개선되지 않았다. '로버트 동굴 공원'의 실험 결과처럼 나와 다른 집단이나 인종에 속해 있다는 이유만으로 타자를 배척하고 다양성을 인정하지 않는 심리적 작용을 '내집단 편향ingroup bias'이라고 한다.

오늘날 코로나19 확진자에 대한 혐오는 암세포나 세균으로 묘사하며 타자를 격하시키려는 목적을 지닌 정교한 이데올로기적 조작과 결합되어 있다. 19세기 유대인들의 신체는 정상인의 신체와는 실제로 다르다는 생각이 널리 받아들여졌다. 유대인의 코는 형태보다는 기능에 집착해 후각이 가장 발달된 동물성, 여성의 냄새, 심지어는 생리 중 여성의 냄새와 유사하다고 여겼다.[3] 이러한 혐오는 우리에게도 익숙하다. 일제시대에 일본인 대부분은 조선인에 대해 '뒤떨어진다.', '냄새가 난다.', '더럽다.'는 인종적 혐오 발언으로 조선인의 인격자체를 배격했다. 인간 본질적인 측면에서 코로나19 확진자들이 처음부터 확진자가 아니었고, 혐오의 대상도 아니었다. 대구 시민, 유대인, 조선인, 그리고 성 소수자에 대한 혐오는 이데올로기적 조작과 다르지 않다. 당신이 동의하건 안하건 상관없다. 부산행 영화를 많은 사람들이 보고 공감한 것처럼 혐오는 알게 모르게 우리의 생각과 이데올로기를 지배하고 있다.

〈이성의 잠은 괴물을 낳는다〉, 프란시스코 고야,
1797~1799년, 판화집 [로스 카프리초스] No.43,
21.6×15cm

우리가 사는 세상은 분명 혐오로부터 자유롭지 못하다. 그에 대한 답변은 스페인 화가인 프란시스코 고야Francisco Goya의『이성의 잠은 괴물을 낳는다』에서 찾을 수 있다.

그의 작품을 보라. 그는 이 작품에 붙인 글에서 "이성이 저버린 상상력은 끔찍한 괴물을 만들어내지만, 상상력과 이성이 결합하면 예술의 모체가 되고, 그 모든 경이의 원천이 된다."고 설명했다. 작품의 왼쪽에 잠든 고야의 옆을 보면 펜을 든 부엉이가 보인다. 전통적으로 부엉이는 어둠, 어리석음, 무지와 동시에 지혜와 예술을 상징하는 동물이었다. 대조되는 두 개를 상징하는 부엉이가 펜을 들고 예술을 하라고 재촉하는 모습은 인간의 양면성을 암시한다. 문명의 발달과 유지, 관리를 위해 반이성적인 것들을 최대한 억제하고 통제해왔지만 혐오의 피해자이자 가해자인 인간 역시 양가적兩價的 존재임을 부정할 수 없다.

코로나는
보수주의자?

혐오는 단순히 자신만의 문제가 아니라 우리 모두의 문제다. 독일 언론이자 《혐오사회》의 저자인 카롤린 엠케Carolin Emcke 는 "혐오는 느닷없이 폭발하는 것이 아니라 훈련되고 양성된다."고 했다. 예컨대 독일 클라우스니츠에서 시위대가 난민이 탄 버스를 가로막고 "꺼져, 꺼져!"라고 소리칠 때 이들이 혐오와 증오를 발산 하고 또 증폭할 수 있는 이유는 침묵 속에 지켜보던 구경꾼들 때문 이라고 진단한다. 다른 사람에게 아무 영향도 미치지 않을 것이라 고 생각하지만, 사실은 내 행동이 혐오의 힘을 보태고 있을 가능성 이 높다는 거다.

밴쿠버 브리티시컬럼비아대학 마크 샬러Mark Schaller 교수는 카롤 린의 주장을 확인해보기 위해 다음의 실험을 해 보았다. 그는 학생 들에게 대학 채점 방식을 변경하는 제안을 발표했다. 참가자들은 찬성 또는 반대라고 표시된 통에 동전을 넣어 투표할 수 있었다. 특히 질병에 대한 민감성이 높아질수록 참가자들은 동전이 더 많이 들어가 있는 통에 투표했다. 자신의 고유한 의견보다는 무리의 의견을 따른 것이다.[4] 이를 코로나19와 같은 상황에 접목하자면 사람들은 예방할 수 없는 바이러스의 위협을 느낄 때 더 순종적이고 관습을 존중하는 경향을 보이는 것으로 해석할 수 있다.

한편, 참가자들에게 좋아하는 사람을 물었을 때, 그들은 예술적이거나 창의적인 사람들보다는 전통적이거나 평범한 사람들을 선호하는 경향을 보였다. 사람들은 전염 위험이 도사릴 때 자유로운 사고방식을 상대적으로 덜 가치 있는 것으로 여겼다. 특히 코로나19와 같은 고립, 격리되는 상황에서는 지적 발달이 늦어지고, 뇌 발달이 저해된다는 연구결과도 있다. 고립이 인간의 뇌에 어떤 영향을 주는지 알아내기 위해 남극 대륙에서 격리되어 있는 9명의 연구원들의 뇌 변화를 관찰했는데, 뇌 해마의 용량이 평균 7퍼센트나 감소했다. 해마는 공간적 사고와 기억의 통합을 담당하는 곳이라 고립된 상황이 기억력과 사고력을 떨어뜨리게 만든 거다.

비슷한 예로 코로나19가 한국을 지배하고 있을 때인 2020년 상반기 출판시장 경영 · 경제 분야의 베스트셀러를 살펴보면 창의력, 통찰력, 리더십과 관련된 콘텐츠는 눈 씻고 찾아봐도 찾을 수 없다. 죄다 돈 버는 방법, 부동산, 주식과 관련 내용들이 대부분을 차지했다. 이런 영향으로 2020년 상반기에 출간하려고 했던 나의 창의력과 관련된 책 출간이 무기한 연장되기도 했다. 바이러스에 전염될 지도 모른다는 두려움, 고립된 상황이 사람들의 창의성을 방해하고 순응적으로 변하게 만들어 일상에서 벗어나는 변화들을 받아들이려 하지 않는다. 도덕적 판단은 더 가혹해지고 사회적 태도 역시 더 보수적으로 변한다.

31번과
짱깨

'로버트 동굴 공원' 실험에서 보듯 인간은 쉽게 편을 나누고 배척하는 존재다. 내집단 편향은 별다른 근거 없이 나와 다르고 내가 더 우월하다고 생각하는 현상으로 우리 사회에 만연하다. 그런데 왜 주로 사회적 약자가 혐오의 대상이 될까?

뉴욕대 심리학자 존 조스트John Jost 교수에 따르면 어떤 큰 구조적 문제가 존재할 때, 나라 경제가 좋지 않다거나 취업이 잘 되지 않을 경우 그걸 처음부터 '구조적 문제'로 접근하는 사람들은 드물다. 추상적이고 큰 그림을 그린다는 것은 인지적으로 많은 능력과 노력을 필요로 할 뿐 아니라, 문제를 가급적 작고 구체적으로 명시할 때 사람들은 자신이 이 문제를 해결할 수 있겠다는 '희망'을 갖기 때문이다.[5]

그래서 코로나19의 위기속에서는 더더욱 가난과 빈곤이 구조적 문제라는 사실을 인정하기 싫어하고 오직 '나만' 더 열심히 하면 된다고 생각하는 경향이 나타난다. 아니면 반대로 '이게 다 짱깨들 때문이야', '대구 신천지 교인인 31번째 확진자가 발생하지만 않았어도 이렇게 문제가 크진 않았어'라고 하는 등 비난의 대상을 특정하는 경향을 보인다. 그렇지 않고 문제의 원인이 거대한 구조에 있다고 인정하게 되면 무기력과 큰 불안을 느끼게 된다. 따라서 학자들은 그것이 자신이든 타인이든 눈에 보이는 구체적인 무엇을 비난하는 것이 불안을 일시적으로나마 '완화하는 역할palliative role'을 한다고 본다. 여성이나 성 소수자 등 만만한 대상을 공격하는 것 또한 같은 맥락이다.

또한 사람들은 자신의 세상이 공정한 기준이나 규범에 의해 돌아간다고 믿는 경향을 보인다. 이러한 경향을 '공정한 세상에 대한 믿음belief in a just world'*이라고 한다. 우리의 삶은 때론 내가 전혀 통제할 수 없는 돌발적인 사고나 갑작스런 불행이 발생하지만 그걸 인정하면 불안해지기 때문에 대부분 '착하고 부지런하게 살면 아무 탈 없이 행복하게 잘 살 수 있을 것'이라는 다소 소박한 세계관을 가지고 있다. 이 논리에 의하면 '저 사람이 약자가 된 것은 전적으로 그 사람이 열심히 살지 않았거나 뭔가를 잘못한 탓이다.'라고 생각하고 손쉬운 단죄의 대상을 찾는 쪽을 택하는 것이다. '사회적 약자 = 올바르지 않은 사람 = 코로나19 확진자'라는 공식이 성립하므로 더더욱 약자에 대한 비난이 쉬워진다.

---

* 공정한 세상에 대한 믿음(Belief in a Just World; BJW)은 세상은 정당하며 사람들은 자신이 노력한 만큼 그 보상을 받는다는 믿음을 가지고 있다.

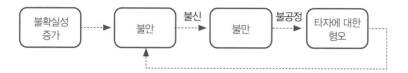

불확실성의 증가가 불안과 무력감, 불만과 불신을 넘어 분노와 혐오로 왜곡되어 전이 된다.
언제나 누구든 차별하고 배제할 준비가 되어 있을 뿐만 아니라 타자에 대한 혐오를 확대 ·
재생산하는 것이 지금 우리의 자화상이다.

사회적 약자들을 일컬으며 "너도 열심히 하지 않으면 저렇게 된
다."고 하는 말 또한 그 사람은 뭔가 인생을 잘못 살았으며 따라서
저런 대접이 어울린다고 하는 대표적인 약자 혐오 발언이다.

'혐오는 혐오를 먹고 자란다.'는 말이 있다. 중국인 혐오는 동양인
혐오로, 동양인 혐오는 전 세계 인종주의적 혐오로 확장되고 있다.
코로나19에 기생해 독버섯처럼 자라는 혐오는 위기 극복에 아무런
도움이 되지 않을 뿐 아니라, 모든 인간은 평등하게 존중받아야 한
다는 평등 감각을 깨뜨리므로 매우 극단적이고 위험하다.

혐오는 문명의 역사와 함께 존재해왔다. 바이러스가 생명체의 기
원과 뗄 수 없는 관계이듯이, 문명 발전의 극적인 국면에 혐오는 빠
지지 않고 등장해왔다. 과거 14세기 흑사병이 창궐했을 때 사람들
은 동성애자, 유대인, 마녀들을 흑사병의 원인으로 지목해서 수많
은 사람들이 누명을 쓰고 죽어갔다. 뿐만 아니라 나치의 '홀로코스
트'와 백인우월주의자들의 'KKK' 등 혐오에서 자라난 증오범죄들
을 우리는 숱하게 목격해왔다.

그런데 코로나19 국면을 통해 현 시대의 혐오가 한 단계 진화했다는 점에 주목할 필요가 있다. 현대의 혐오 행위는 대부분 온라인 공간을 통해 벌어진다. 자신의 얼굴이 직접 드러나지 않고 익명성이 보장되니 심리적 부담이 적기 때문이다. 이러한 이점을 바탕으로 한 온라인 영역의 혐오는 확산 속도도 빠르고 광범위하다. 무엇보다 기록과 검색으로 쉽게 접근할 수 있고 오래 남아 해악이 더 클 수밖에 없다. 더 큰 문제는 발전된 정보기술에 비해 혐오성 발언이 모욕적이고 인종 차별적이라는 것 자체를 많은 사람이 인식하지 못한다는 데 있다. 우리 모두가 영화 『부산행』 속 영웅인 상화가 될 수는 없지만, 적어도 용석이 되어서는 안 된다. 코로나19에 의한 혐오는 바이러스보다 빠르게 퍼져 인간 존엄성의 가치를 심각하게 훼손하게 되고 결국 그 가치가 부메랑이 되어 당사자에게 돌아온다는 사실을 잊지 말아야 한다.

02

재택근무가
다가온다

"적의 침략은 저항할 수 있지만,
그 시대가 도래한 사상에는 저항할 수 없다."

빅터 위고Victor Hugo

한국만
예외였다

코로나19로 인해 전 세계가 한 번도 겪어본 적 없는 미
증유의 위기 속에 접어들면서 기업들은 앞다퉈 재택근무working from
home와 원격근무를 도입했다. 바이러스를 피해 비대면·비접촉 생
활인 이른바 '언택트'가 일반화되면서 재택근무는 선택의 여지없이
수용해야 하는 강제사항이 되어버렸다.

원격근무telework는 '멀리서tele' '일한다work'는 의미다. 원격근무는
1973년 미국 캘리포니아대 미래연구소센터의 잭 닐슨 연구원이 만
든 신조어다. 이후 미래학자 앨빈 토플러Alvin Toffler가 새로운 노동 방
식으로 소개하면서 세상에 알려졌다. 미국에서 원격근무제가 본격
도입된 건 이란·이라크 전쟁으로 인한 2차 석유파동 여파가 컸던
1980년대다. 기름값이 폭등하고 임차료도 뛰면서 기업 유지 비용을
절감하는 방법으로 대두됐다. 이후 PC 보급과 인터넷의 발전으로

원격근무는 확산되었다.[6] 2017년 미국 갤럽Gallup 조사에 따르면 미국 전체 기업 노동자의 25퍼센트는 근무시간 대부분을 원격근무로 보내고 있다. IBM은 원격근무의 원조로 1993년 사무실 외 공간 근무제를 처음 도입했고, 전체 직원 38만 명 가운데 40퍼센트 정도가 원격근무로 일했다. 그 결과 미국 내 사무실 임대 비용만 연간 1억 달러, 한화로 약 1,140억 원을 절약했다. 미국 의료보험 기업인 애트나Aetna는 총고용 인원 4만 8,000명 가운데 43퍼센트가 원격근무 덕분에 사무실 임대 비용을 15~25퍼센트 절감했다. 미국 통계청에 따르면, 2005년부터 2015년 사이 재택근무 비율 증가율이 115퍼센트에 달한다. 유럽연합 공식 통계기구인 유로스타트Eurostat에 따르면 2018년 15~64세 취업자 가운데 재택근무를 실시하는 근로자 비율을 분석한 결과 네덜란드가 35.7퍼센트로 가장 높게 나타났고, 스웨덴 34.7퍼센트, 아이슬란드 31.4퍼센트, 룩셈부르크 30.8퍼센트, 핀란드 30.3퍼센트 등 높은 수준을 기록했다. 일본의 도요타는 2016년부터 일주일에 2시간만 회사에 나오고 나머지는 집에서 일하는 재택근무를 시작했다. 대상은 사무직과 연구·개발 담당 기술직 등 2만 5,000명으로, 전체 직원 7만 2,000명 중 3분의 1에 해당한다.

이런 세계적 흐름에도 불구하고 유독 예외인 나라가 한국이다. 우리는 2017년부터 재택근무를 포함한 유연근무제를 적극 지원하고 있지만 국내 기업 도입률은 8.5퍼센트에 그쳤다. 평균 활용실적은 원격근무제 1.5명, 재택근무제 1.3명으로 기업에서 제도를 도입했어도 실제 이를 적극적으로 실천하는 것은 매우 낮다.[7]

원격근무를
하지 않는 이유

한국은 1984년부터 PC 통신 서비스를 시작했고, 90년대 중반부터 인터넷이 대중화되면서 현재 인터넷 보급률 및 인터넷 평균속도는 전 세계 1위다. 집집마다 PC나 노트북이 보급되어 있고 모바일 보급률 또한 세계 최고 수준으로 원격근무를 할 수 있는 최적의 조건을 갖추고 있음에도 원격근무에 소극적인 이유가 뭘까?

첫 번째는 '만나야 문제가 해결된다.'는 인식이다. 긍정적으로 표현하자면 직원끼리 면대면 빈도가 높을수록 협업에 도움이 되기 때문이다. 애플, 구글, 페이스북 등 글로벌 기업들이 원격근무대신 면대면 근무를 강화하는 전략도 이런 이유이기도 하다. 다양한 메뉴를 갖춘 식당부터, 무료 간식, 자녀를 위한 유치원, 다양한 휴게시설, 세탁 서비스, 자전거 수리센터까지 제공하면서 직원간 만남의 시간을 늘리도록 유도한다. 애플이 사옥을 지을 때 우연한 만남이 늘어나도록 공간을 설계한 것도 같은 맥락이다.

하지만 한국에서 '만나야 문제가 해결된다.'는 인식은 좀 다르다. 협업보다는 일을 진행하기 위한 상사의 업무 효율성에 무게가 더 실린다. 상사의 눈앞에 직원을 가둬놓고 통제해야 하는데 눈앞에 없으니 불편한 거다. 직원들이 보는 앞에서 피드백도 하고 여러 감정표현을 해야 하는데 그런 행위가 없으니 존재가 미약해진다. 최근 재택근무를 시행한 기업을 대상으로 재택근무의 장점을 조사한 결과 "직장상사의 감시를 피할 수 있어서 좋았다.", "불편한 상사의 얼굴을 보지 않아서 좋았다."라고 응답한 비율(23%)이 적지 않은 것만 봐도 그 의미를 이해할 수 있을 것이다. 무엇보다 재택근무는 신뢰에 기반을 둔다. 안보니 알 수 없듯, 신뢰할 수도 없는 거다.

두 번째 문화적 맥락에 따른 차이다. 문화인류학자인 에드워드 홀Edward T. Hall은 1976년 문화간 다양성을 이해하기 위해 '고맥락high context−저맥락 사회low context culture'라는 개념을 제안했다. 맥락에 따라 사람 사이에 사회적 유대감, 책임감, 헌신, 대립, 소통이 어떻게 다르게 맺어지는지 연구했다. 고맥락 사회는 중국, 일본 등이 대표적인데, 이곳 사람들은 서로 친밀하고 깊게 관여한다. 이 사회에서 정보는 깊은 의미를 담은 단순한 메시지로 넓게 퍼진다.

예를 들어 당신의 자녀가 "반장선거에 나간다."고 하면 출마에 따른 자녀의 역할과 여러 가지 학부모의 책임과 기여 등 다양한 의미를 내포하게 된다. 반면 저맥락 사회는 서로에 대한 관심보다는 개인에게 초점이 맞춰져 있고, 명문화되지 않은 암묵적 룰이라는 것이 상대적으로 적다. 대표적인 나라가 미국, 스위스, 스웨덴, 영국 등이다.

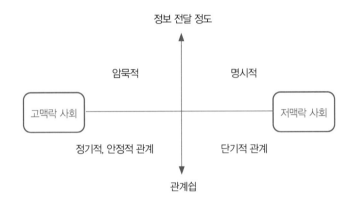

〈맥락 사회(Context Culture)〉

한국은 전형적인 고맥락 사회다. 고맥락은 메시지에 담긴 정보보다 맥락을 통해 정보를 전달한다. 예를 들어 팀장이 "이건 중요해!"라고 말하는 표현이 진짜인지 엄포용인지 알 수가 없다. 상사가 일을 시킬 때 일의 중요도와 우선순위가 무엇인지 명확히 설명해주지 않기 때문이다. 직접 만나서 대화하면 눈빛과 말투, 표정 등을 통해 중요도의 정도를 파악할 수 있는데 재택근무로는 파악하기가 쉽지 않다. 그럼에도 불구하고 개떡같이 설명해주고 "알아서 해!"로 마무리 짓는다. 다시 물어보면 능력이 없는 사람으로 치부해버린다. 이러한 상황이 반복되면서 개인의 감정을 숨기게 되고 그 결과로 오랫동안 불만이 쌓이는 경우 폭발하기도 한다. 고맥락 사회가 싫어도 만남을 재촉하는 이유가 바로 여기에 있다.

한국이 재택근무와 원격근무를 선호하지 않는 근본 이유는 세 번째에 있다. 원격근무의 장점은 거의 반세기 동안 논의됐다. 지금도 원격근무는 중요한 화두다. 출퇴근 시간 절약, 방해받지 않는 자율적 업무처리, 공간시설 비용 절약 등의 효과가 있고, 무엇보다 미래의 업무 방식이 이런 방향으로 간다는 데는 이견이 없다. 하지만 실제 실행은 달랐다. 새로운 것이 나오면 사람들은 현재의 성립된 행동에 특별한 이득이 주어지지 않는 이상 바꾸지 않으려는 경향을 가지고 있다. 이러한 현상을 '현상유지 편향status quo bias'이라고 한다. 면대면 만남을 통해 치열하게 토론하고 야근하고, 늦은 시간 회식까지 함께 하면서 어울려 일하는 문화에 익숙한 기성세대의 조직문화에선 재택근무를 오히려 비효율적으로 봤다. 오죽하면 애플 창업자인 스티브 잡스는 재택근무를 '미친 짓'이라고 했을까. 굳이 효율성의 문제를 따지지 않더라도 누군가와 서로 얼굴을 보며 잡담을 나누며 일했던 방식이 익숙하고 검증된 것이다 보니 리스크를 안고 새로운 시도를 하고 싶지 않았다. IT 강국으로써 이미 재택근무와 원격근무가 기술적인 면에서 충분히 갖춰져 있음에도 기업들은 소극적으로 대응했다.

그런데 절대 깨지지 않을 것 같은 근무방식을 코로나19가 완전히 바꿔놓았다. 2020년 2월 말 코로나19 확진자 수가 늘어나고 정부가 사회적 거리두기를 시행하면서 기업들은 재택근무와 원격근무를 적극적으로 도입했다. 그런데 재택근무 도입에 따른 직원간 소통과 생산성 저하를 우려했는데 막상 해보고 나니 그 속에 있는 장점들이 보이기 시작했다. "해보니 괜찮네"라는 의견이 확산되면서 "계속해도 되겠어"라는 만족스런 반응으로 확장되었다. 앞으로 코로나19가 안정이 되어 일상생활로 회복이 되어도 재택근무, 원격근무는 더욱 광범위하게 빠르게 확산될 것이다. GGL리더십그룹이 2020년 4월 한 달간 한국 직장인 5,200명을 대상으로 조사한 결과 응답자의 52퍼센트가 '코로나19 이후에도 재택근무를 이어가길 희망한다.'고 답했다. 정부가 1997년부터 아무리 도입하려 해도 정착하기 쉽지 않았던 재택근무, 유연근로제가 코로나19를 계기로 한번에 해결되었다.

그때는 틀리고
지금은 맞다

현상유지 편향은 아주 빈번하지만 한 발짝만 물러나 보면 확연히 달라 보인다. 하지만 대부분의 사람들은 현재의 상태에 그대로 머물고자 하는 강한 바람을 가지고 있다. 2004년 7월 서울시는 시민의 편의를 무시한 채 수익만을 좇아 노선을 없애는가 하면 난폭 운전으로 악명 높았던 시내버스 체제를 뜯어고치기 위해 중앙버스전용차로제 제도를 도입했다. 일부 문제점은 있지만 버스 이용객은 늘고 운행 속도는 올라가는 등 긍정적 효과가 더 클 것으로 기대했다.

하지만 시민들은 도시락까지 싸들고 반대의견을 강하게 피력했다. 중앙버스전용차로제를 도입하는데 비용 부담이 만만치 않은 점도 있었지만, "무엇보다 지금 생활에 익숙한데 뭐하러 비싼 돈 들이며 뜯어고치려고 하는가"라는 의견이 강했다. 서울시는 시민들의 반대에도 불구하고 중앙버스전용차로를 도입했다. 승자는 누구였을까? 중앙버스전용차로를 도입한 후 줄어들던 승객은 22퍼센트 늘어났고 교통사고는 절반으로 줄어 지하철보다 잘나가는 시민의 발이 되었다.

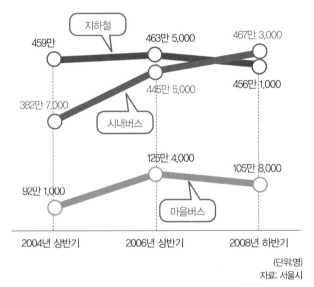

(단위:명)
자료: 서울시

〈연도별 서울시 하루 평균 대중교통 이용객 현황〉

중앙버스전용차로를 도입한 후 13년이 지난 2017년 7월, 국토교통부가 한국갤럽에 의뢰해 전국 만19~69세 성인남녀 1,000명을 대상으로 온라인 조사한 결과, 응답자의 94.9퍼센트가 고속도로 버스전용차로제를 바람직한 정책이라고 평가했다. 국민 10명 중 9명은 '고속도로 버스전용차로 확대·신설'에 찬성하는 것이다. 그때도 맞고 지금도 맞다. 아마도 반대한 한 명은 2004년에 도시락 싸들고 중앙버스전용차로 도입을 반대했던 사람이 아닐까.

코로나19는 한국 기업뿐만 아니라 전 세계 기업에게 현상유지 편향을 극복하고 재택근무의 필요성을 인식시켰다. 혹 재택근무가 무조건 좋은 것이라고 오해는 하지 말자. 일하는 방식의 변화는 단지 사무실에서 하느냐, 카페나 집에서 하느냐의 문제가 아니다. 중요한 것은 익숙함과의 결별을 통해 새로운 변화를 두려움 없이 받아들이는 태도다.

03

주민들이
뿔난 이유

"불의의 가장 나쁜 형태는 위장된 정의다."

플라톤Plato

'절차적 공정성'이
얼마나 중요하길래?

2020년 1월 29일, 충남 아산시 초사동 경찰인재개발원 앞 사거리에 대형 트랙터와 지게차, 트럭이 정문 앞 외길을 가로막았다. 정부가 코로나19의 발원지인 중국 우한에서 전세기로 귀국하는 교민들을 충남 아산의 공무원 교육시설에 격리 수용하는 것으로 결정하자 아산 주민들은 트랙터 등을 동원해 진입로를 봉쇄하는 등 극렬하게 반발했다. "병에 죽나 지금 죽나 마찬가지여, 못 오게 꼭 막을거여" 하루가 지난 1월 30일, 상황은 충북 진천군도 마찬가지였다. 진천군 국가공무원인재개발원에 우한 교민을 격리 수용할 예정지로 정부의 발표가 나자 진천 지역주민 200여 명이 집회를 열었다.

주민의 반발 이유는 이랬다. 아산 경찰인재개발원은 초등학교가 가까워 아이들이 가장 먼저 걱정되고, 진천 국가공무원인재개발원은 인구 밀집지역이고 반경 1*km* 이내에 주민 2만 명이 살고 있어 수용이 불가하다는 거였다. 과연 이것이 실질적인 반대 이유였을까? 다음의 두 가지 사례를 보자.

#사례1) 경북 영덕군 천지 원자력 발전소 건립을 둘러싸고 정부와 지역사회 내부 간 갈등이 격화되고 있다. 2015년 11월 11일부터 이틀 동안 경북 영덕의 20여 개 투표소에서 원자력 발전소 유치 찬반 투표를 실시했다. 주민투표결과 모두 1만 1,209명이 참가한 가운데 원전유치 반대는 1만 274명으로 전체의 91.7퍼센트를 차지해 찬성 의견을 밝힌 865명을 압도했다. 한편 정부는 "법적 근거도 없는 투표를 통해 반대하는 행위는 절대 용인하지 않을 것이며, 당초 계획대로 추진하겠다."는 의지를 표명했다. 왜 이처럼 갈등이 격화되었을까?

#사례2) 정부의 사드 배치 결정에 대한 경북 성주군의 반발이 예상보다 훨씬 격렬하다. 2016년 7월 15일 사드 배치에 반대하는 주민을 설득하기 위해 경북 성주군을 방문한 국무총리와 국방부 장관은 설득은 고사하고 달걀과 물병 세례를 받고 급히 몸을 피해야 했다. 사실 한국갤럽이 2016년 7월 12~14일 전국 성인 1,004명에게 사드를 한반도에 배치하는데 대해 조사한 결과 50퍼센트가 '찬성'했고, 32퍼센트가 '반대'했다. 즉, 사드 배치는 국가 안보와 북한 대응에 필요하다는 의견이 지배적이다. 특히 국내 모든

여론조사에서 대구와 경북이 사드 배치 찬성률이 가장 높게 나왔다. 그럼에도 불구하고 왜 이렇게 반발이 심할까?

우한 교민들의 격리 수용을 반대하는 아산·진천 주민, 영덕군 천지 원자력 발전소 건립 반대, 사드 배치 반대에는 공통의 근본 이유가 있다. 세 가지 사례에서 드러난 갈등의 근본 이유를 이해하기 위해 다수의 사람들에게 다음의 두 가지 상황을 제시하고 어떻게 생각하는지 물었다.

상황1

패밀리 레스토랑에 일하고 있는 박 씨는 200만 원의 월급을 받고 있다. 이 레스토랑은 장사가 그런대로 잘 되고 있는데, 코로나19로 인해 경제의 전반적 사정이 좋지 않아 실업자가 많이 생기기 시작했다. 그 결과 주변의 패밀리 레스토랑에서 일하는 사람들은 150만 원의 월급을 받고 일하는 상황이 되었다. 이 사실을 알아챈 레스토랑 사장은 박 씨의 월급을 150만 원으로 깎았다.

패밀리 레스토랑 사장의 행동이 공정한 것인지의 여부를 묻는 질문에 87퍼센트의 응답자들이 공정하지 못하다고 대답했다. 압도적인 다수가 사장의 행위를 부당한 것으로 판단했다. 반대로 대답한 13퍼센트는 아마도 레스토랑 사장의 입장에서 동질감을 느끼는 사람들일 수 있다. 다수의 사람들이 이런 반응을 보이는 것은 현재 박

씨에게 지급하고 있는 월급을 기준으로 공정성에 대한 판단을 할 수 있지만 무엇보다 아무런 설명없이 일방적으로 내린 결론에 대해서 부당하다고 판단했기 때문이다. 물론 상황이 바뀌면 기준도 달라질 수 있다. 결과 이전에 과정에 대한 설명이나 공감대를 형성하면 공정성에 대한 평가도 달라질 수 있다. 상황2에 대한 사람들의 응답을 보면 그 사실을 잘 알 수 있다.

 상황2

패밀리 레스토랑에 일하고 있는 박 씨는 200만 원의 월급을 받고 있다. 이 레스토랑은 장사가 그런대로 잘 되고 있는데, 코로나19로 인해 경제의 전반적 사정이 좋지 않아 실업자가 많이 생기기 시작했다. 그 결과 주변의 패밀리 레스토랑에서 일하는 사람들은 150만 원의 월급을 받고 일하는 상황이 되었다. 이 사실을 알아챈 레스토랑 사장은 코로나19로 달라진 경제여건과 주변 패밀리 레스토랑의 위기, 현재 운영하고 있는 레스토랑의 재정적 상황을 구체적으로 설명하고 박 씨의 월급을 150만 원으로 깎았다.

상황2와 관련해서 패밀리 레스토랑 사장의 행동이 공정한 것인지의 여부를 묻는 질문에 78퍼센트의 응답자들이 사장의 결정이 정당하다고 대답했다. 박 씨가 받던 200만 원의 월급은 더 이상 기준으로 여겨지지 않았고, 사장의 구체적인 상황설명이 공정성의 판단 기준을 높였다.

우한 교민들의 격리 수용을 반대하는 아산 · 진천 주민, 영덕군 천지 원자력 발전소 건립 반대, 사드 배치를 반대하는 성주 주민들이 비이성적인 반응을 유발하는 근본 이유는 '결과'가 아닌 '과정'을 챙기지 않았기 때문이다. 이것을 '절차적 공정성process fairness'이라고 한다. 절차적 공정성이란 정부나 조직 내에서 결과를 성취하기 위해 사용하는 수단의 공정성을 말하는 것으로서, 의사결정을 내리는데 사용되는 정책들과 절차들에 대하여 지각하고 있는 공정성을 의미한다. 쉽게 설명하자면 '결과'보다는 '절차'나 '과정'이 훨씬 중요하다는 거다. 당시 아산 주민들은 말한다. "사람의 목숨이 달린 일인데, 주민과 상의 한마디 없이 우한 교민을 데려오는지 이해가 안 된다. 도저히 납득할 수 없는 결정이며 아산에 수용하는 것을 결사반대한다."

얼마 전까지 갈등을 겪었던 광양LF아울렛 입점, 용산 화상경마장, 아시아나항공의 인천~샌프란시스코 노선 운항정지 처분, 노사 공방위, 한·중 FTA 등은 절차적 공정성의 문제에서 기인된다.

요즘 나에게는 제대로 된 주말이 없다. 평일 힘들게 일하고 주말에 부족한 수면도 보충하고 에너지를 충전하고 싶은데 아침 7시부터 아파트 단지 집회에서 사용하는 확성기의 쩌렁쩌렁한 소음으로 제대로 쉴 수가 없다. 한창 아파트 리모델링 사업을 진행하고 있는데 집회하는 쪽은 리모델링 사업을 반대하는 사람들이다. 사실 리모델링이 되면 새로운 아파트에, 정주 여건도 좋아지고 무엇보다 아파트 매매 가격이 올라가니 나쁘게 별로 없다. 물론 이사비용, 공사비 추가비용, 2년 정도 전세비용, 취득세, 등록세 등도 들어가지만 새 아파트에 추가된 가치를 계산해보면 손해보지 않는 장사다. 그런데 왜 아파트 리모델링을 반대하는 걸까? 이유는 다음과 같다.

1. 코로나19로 인한 세계적인 경제 난국에 조합 임원과 건설사만 배부르게 할 것인가?
2. 리모델링 추진위원회는 무슨 이유로 리모델링 찬성 동의율을 투명하게 공개하지 못하는가?
3. 자세한 설명없이 리모델링 동의서를 받는 것은 조합 설립시 인정하지 못한다.
4. 사업 시행 인가 진행시 조합이 제공하는 설계내용, 분담금 조건을 왜 명확하게 공개하지 않았는가?

1번 항목을 제외한 2~4번 항목 모두 절차적 공정성에 해당된다. 과정이 명확하게 소통되지 않으면 결과가 아무리 좋아 보여도 받아들이지 않는다. 배신감마저 느끼게 만드는 집회자들 행동의 근저에는 호의에 호의로, 악의에는 악의로 대응하는 것이 공정하다는 생각이 깔려있다. 이런 행동은 경제학 교과서에는 찾아볼 수 없는 인간의 진솔한 모습이다. 우리가 현실에서 보게 되는 인간은 '결과'만이 중요한 것이 아니라 '과정'도 매우 중요하다고 생각하기 때문이다.

조직도 별반 다르지 않다. 영국의 다국적 컨설팅그룹인 딜로이트Deloitte가 29개국 약 7천 명의 직원을 대상으로 설문조사를 했는데 그중에 이런 질문이 있다. "회사가 장기적으로 성과를 내기 위해 가장 중요한 것은 무엇입니까?" 자본, 기술력, 또는 높은 수준의 제품이나 서비스라고 생각하는가. 아쉽게도 모두 아니다. 조사대상자 중 가장 많은 응답을 한 26퍼센트는 "직원을 공정하게 대우해서 직원 만족도를 높이는 것"이라고 대답했다. 23퍼센트는 기업의 윤리성을, 19퍼센트는 고객 중심이라고 응답했다.

직원들이 조직에서 공정하게 대우받는 것을 얼마나 중요하게 생각하는지 단적으로 보여주는 결과다. 또 스스로 공정하다고 대우받는다고 느낄 때 업무에 몰입하고 높은 성과를 내는 것은 이미 많은 연구에서 입증되었기 때문에 그 중요성이 더욱 크다고 할 수 있다.

남의 눈에 눈물 나게 하면
제 눈에 피눈물 난다

공정성 이론에 따르면 공정성의 종류는 '분배적 공정성'
과 '절차적 공정성'으로 나뉜다. 분배적 공정성은 가장 기본적인 개
념으로 기여에 따라 공정하게 보상받는 것을 말한다. 절차적 공정
성은 보상받게 되는 과정과 절차가 투명하게 지켜지는 것을 의미
한다. 큰 맥락에서 보면 절차적 공정성은 어떤 의사결정이 있을 때
이에 대한 정보를 적기에 제공받는 '정보제공의 공정성'까지 포함
한다.

그간의 연구결과에 따르면 분배적 공정성과 절차적 공정성 중 절
차적 공정성이 조직의 신뢰 구축에 큰 도움을 준다. 보상액이 상대
적으로 적더라도 과정이 공정하면 신뢰한다는 거다. 둘 다 중요하
고 동시에 추구하면 좋겠지만 절차적 공정성 확보에 힘을 기울여
야 한다는 의미다. 한번 신뢰가 무너진 정부나 조직은 회복하기도

어렵고, 변화와 혁신은커녕 현상유지조차 하기 어렵다. 무엇보다 4차산업 혁명으로 기술이 고도화되고, 코로나19와 같이 예측할 수 없는 극심한 경영환경이 심화 될수록 신뢰의 중요성은 더 커진다.

런던 비즈니스 스쿨의 니르말야 쿠마르Nirmalya Kumar 교수는 『제조 유통업체 관계에서 신뢰의 힘』이라는 논문에서 "분배의 공정성은 새로운 관계를 만드는데 효력이 있고, 절차적 공정성은 관계 지속에 큰 힘을 발휘한다. 특히 절차의 공정성이 중요하다."라고 강조했다.

이번 코로나19 사태를 겪으면서 '신뢰 자본이 코로나에 대처하는 항체다.'는 개념을 뼈저리게 느꼈을 것이다. 늑장 대처와 엇박자로 정부가 코로나19 방어에 실기하면서 국내 확진자 수가 급속히 늘어났지만 민간의 힘으로 어려움을 극복하겠다는 의지가 피어오르면서 사태는 더 이상 악화되지 않았다. 그 후 정부의 반성이 있었고 마스크 5부제, 사회적 거리두기 등의 정책을 시행해 현저하게 확진자 증가 수를 낮추게 되었으며, 정부의 신뢰도는 회복되었다.

한국과 반대인 일본과 미국의 경우를 살펴보자. 2020년 5월 13일 기준, 일본 국민들이 코로나19 사태로 인한 아베 정부에 대한 신뢰도를 조사한 결과 국민 58퍼센트가 신뢰하지 못한다고 응답했다. 일본 외 정부에 대한 신뢰도가 추락한 국가는 미국과 영국이다. 2020년 4월 20일 미국 NBC방송과 월스트리트저널WSJ이 공동 실시한 여론조사에 따르면 코로나19 사태와 관련 미국 국민의 52퍼센트가 트럼프 대통령을 신뢰하지 못한다고 답했다. 트럼프 대통령을 신뢰한다는 응답은 36퍼센트에 불과했다.

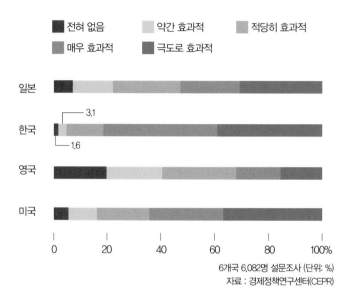

<코로나19 대유행에 따른 정부 정책의 효과에 대한 신뢰도>

　　2020년 5월 13일 기준 미국의 누적 확진자 수는 1,367,927명이며, 세계 1위다. 참고로 미국은 현재 경제도 세계 1위다. 코로나19 사태로 인해 정부의 신뢰도가 낮을수록 확진자 수가 증가하는 것을 볼 수 있다. 신뢰가 코로나19 대처에 얼마나 중요한지 판단할 수 있는 대목이다. 그래서 신뢰에 자본이라는 단어가 붙여진 거다.

전 세계 순번	지역	누적 확진자 수	확진자 증감 (전일대비)	사망률
1	미국	1,367,927	21,204	6.0%
4	영국	226,030	3,403	14.4%
32	일본	16,024	150	4.2%
40	한국	10,962	26	2.4%

2020년 5월 13일 기준

〈미국, 일본, 영국, 한국 코로나19 확진자 현황〉

그렇다면 절차적 공정성을 확보하기 위해서는 어떻게 해야 될까? 다음의 세 가지를 챙겨보기 바란다.

첫째, 앞서 강조했듯이 절차적 공정성의 시작은 신뢰가 가장 중요한데 그 신뢰를 쌓기 위해서는 강자의 배려가 필요하다. 코로나19 사태를 통해 느꼈듯 동반성장을 위해서는 정부가 국민과의 관계를 '갑과 을'이 아닌 동등한 '파트너'라는 인식의 전환이 필요하다. 즉, 법보다 국민의 신뢰가 더 중요하다는 의미다.

둘째, 쌍방향 소통을 할 수 있어야 한다. 상대방에게 자신의 의사결정을 내리게 된 배경과 근거를 명확하게 설명하고 반드시 상대방의 의견을 경청해야 한다. 앞선 사례1)에서 영덕 천지 원자력 발전소 건립은 당초 주민투표까지 가기 전에 원자력발전소가 건설될 경우 '지역주민의 안전은 어떻게 보장될 수 있는지', '원전 건설에 따른 지역 발전의 청사진은 무엇인지' 등에 대한 충분한 설명과 토론이 선행되어야 했다. 사례2)에서도 정부의 사드 배치 결정 이전에 중앙정부가 성주군수를 비롯한 성주군민을 대상으로 충분한 정보를 제공하고 의견을 수렴했어야 했다. 결과보다 과정이 중요하기 때문에 글로벌 기업인 3M이나 듀퐁은 협력사의 제안이나 고객의 불만을 듣는 제도적 장치를 별도로 마련해 놓고 있다. 참고로 청와대 국민청원도 국민의 목소리를 듣기 위한 과정 관리의 일환이다.

여기서 하나 짚고 넘어갈 중요한 부분이 있다. 절차적 공정성, 즉 과정 관리를 할 때 상대방이 '공정하게 대우받는다고 느끼는 것'은 '사실fact'이라기보다 '인식perception'이다. 즉 실제로 공정한 처우를 받고 정보를 제공했더라도 상대방이 그렇게 느끼지 못하면 공정성 인식은 낮아진다. 따라서 정부는 국민을, 조직은 직원들을 대상으로 일부러라도 시간을 들여 대화하고 그들과 직접적으로 관련된 의사결정에 대해 그 이유와 맥락을 설명해주는 리더의 역할이 매우 중요하다. 그 대표적인 예가 도널드 트럼프의 해고 방식이다. 2018년 3월 13일 트럼프 행정부 초대 국무장관이었던 렉스 틸러슨Rex Wayne Tillerson 미 국무장관은 트럼프 대통령으로부터 트위터로 해고 통보를 받았다. 전 백악관 국가안보보좌관 존 볼턴John Robert Bolton도 트위터로 해고 통보를 받았다. 해고라는 사실은 트위터를 통해 알게 되었지만 상대방이 받아들이는 인식의 정도는 매우 낮다. 공정성에 대한 인식이 낮으면 결과를 수용할 수 없고 강한 반감을 낳는다. 이후 존 볼턴은 '트럼프 저격수'를 자처하며 연일 독설을 퍼붓다 못해 회고록까지 출간하며 트럼프 대통령과 백악관의 치부를 폭로했다.

셋째, 상대방과 공동 운명체라는 인식을 공유하고 상호 의존도를 높여야 한다. 이를 위해서는 상대방의 사정과 현안을 잘 이해해야 하며 공동의 가치와 비전을 갖는 것도 필요하다. 예컨대 사례1)의 상황에서 후쿠시마 원전사고 이후에 영덕 주민들의 의식수준이 바뀌었고, 정부는 대국민 전력 수급을 위해서는 제7차 전력수급기본계획에서 영덕 원자력 발전소 설치가 반드시 필요함을 서로 인식하면 환경변화에도 공동의 이익을 창출할 수 있다.

우리는 더 큰 꿈을 달성하기 위해 눈앞의 이익에 눈을 감을 수 있는 용기가 필요하다. 따라서 절차적 공정성을 통해 신뢰를 쌓는 것이 진정한 이익인 것이다. 그래서 아픔을 감수하더라도 절차적 공정성을 충분히 발현해야 한다. 그래야만 이해 당사자나 참여자들이 절차가 공정하다고 지각할 수 있기 때문이다. 또한 절차적 공정성을 확보한 결과라면 승복하지 않을 수 없다. 정당한 불만을 토로할 명분을 찾기 어렵기 때문이다.

나는 어릴 때부터 어머니로부터 절차적 공정성의 중요성에 대해 배웠다. 어머니는 말씀하셨다. "남의 눈에 눈물 나게 하면 제 눈에 피눈물 난다."라고.

04

고객들은
어디로 갔나?

—•—

"영혼이 부족한 제품일수록 더 많은 사람들이
그 생산에 참여한다."

게오르그 짐멜Georg Simmel

언택트
메가트렌드

2020년 3월 11일 세계보건기구WHO의 코로나19 팬데믹Pandemic 선언 이후 세계 경제가 1930년대 대공황 이후 최악의 침체에 빠졌다는 전망이 공식화되면서 한국은 물론 전 세계가 경제에 비상이 걸렸다. 미국 뉴욕증시는 1987년 이후 최악의 폭락장을 연출했고, 채권시장에서는 국채 10년물 금리가 연 1.312퍼센트까지 하락해 2016년 6월에 세웠던 사상 최저 기록을 갈아치웠다. 세계의 생산과 소비, 고용이 동시에 마비됨에 따라 세계 경제는 1970, 80년대 1·2차 오일쇼크나 2008년 글로벌 금융위기 때보다 심각한 불황에 빠진다는 분석이 심심찮게 나오고 있다.

이러한 코로나19의 여파로 인해 사람과의 접촉을 최소화하는 비대면이 강화되면서 언택트가 트렌드의 티핑 포인트이자 메가트렌트로 자리잡게 되었다. 언택트Untact란 접촉을 뜻하는 콘택트contact

에 부정과 반대를 뜻하는 언un을 붙인 신조어로, 소비자와 직원이 만날 필요가 없는 소비 패턴을 창조했다. 특히 초연결 사회의 산물인 인터넷, 5G, 인공지능, 모바일기기, 사물인터넷, 증강현실, 가상현실, 플랫폼 비즈니스는 언택트 산업을 육성시키는데 일조했다.

언택트의 최대 수혜자는 아마존, 넷플릭스, MS, 구글, 페이스북 등과 같이 온라인을 기반으로 하는 디지털 기업이다. 가장 돋보이는 성적표를 얻은 기업은 미국 증시 시가총액 1위 기업인 MS다. 전년 동기보다 약 15퍼센트 늘어난 350억 달러, 한화로 약 42조 7,000억 원의 매출을 2020년 1분기에 기록했다. 순이익은 108억 달러를 올리며 지난해 같은 기간보다 22퍼센트 증가했다. 전 세계 가장 큰 e커머스 시장을 장악하고 있는 아마존은 2020년 1분기 매출 755억 달러, 한화로 약 92조 2,000억 원의 매출을 기록했다. 온라인 쇼핑·클라우드 사용량이 크게 늘어나며 전년 동기 대비 26.4퍼센트 증가했다. 클라우드 사업인 아마존웹서비스AWS의 매출은 33퍼센트 가까이 늘었다. 모두 언택트로 인해 온라인 쇼핑, 원격근무 등이 늘어나며 인터넷 서비스 수요가 확대된 결과다. 뭐 여기까지는 우리가 상식적으로 예측할 수 있는 경영환경의 변화다.

오프라인 시장에서 코로나19가 타격을 주지 못한 분야가 있다. 바로 고급 백화점의 명품 브랜드인 프라이빗 서비스다. 타격을 주기는커녕 오히려 매출이 증가했다. 신세계백화점이 2020년 1분기 영업이익을 집계한 결과 영업이익이 97퍼센트나 급감했다. 코로나19로 인한 영업환경에 직격탄을 맞았다. 하지만 명품 매출은 지난해 1분기 대비 10퍼센트나 늘어났다. 현대백화점도 전년 1분기 대비 매출이 1.5퍼센트 줄었으나 해외패션 21.7퍼센트, 리빙 19.9퍼센트, 골프 11.9퍼센트 등 명품 매출은 크게 증가했다. '불황에도 명품은 잘 나간다.'는 유통업계의 속설이 코로나19의 여파에서도 입증되고 있는 셈이다.

백화점 명품매장의 매출 증가세는 수도권에서만 해당되지 않는다. 대전 지역 주요 백화점 업계에 따르면 2020년 3월 초부터 5월까지 백화점의 명품 매출이 2019년 같은 기간보다 일제히 늘었다. 코로나19 영향으로 같은 기간 전체 매출은 2019년 대비 20~30퍼센트 줄었지만, 명품 브랜드 매출은 8~10퍼센트 성장했다. '구찌', '루이비통', '프라다' 등 최상위급 명품 브랜드 매장이 다수 입점해 있는 갤러리아타임월드는 2019년 대비 10퍼센트 이상 상승했다. 롯데백화점 대전점도 해외 유명브랜드의 패션 액세서리 관련 매출이 2019년 대비 20퍼센트 급증했다. 백화점 세이는 명품 시계 및 보석류 매출이 지난해 대비 30퍼센트 이상 늘었다.[8]

코로나19도 못 말린 한국인의 명품병은 샤넬에서 정점을 찍었다. 2020년 5월 14일 3대 명품으로 불리는 샤넬의 가격 인상 소식이 전해지면서 롯데, 현대, 신세계, 갤리리아 등 주요 백화점에선 개장 전부터 샤넬 제품을 구입하기 위해 몰려든 고객들로 인산인해를 이뤘고, '샤테크샤넬+재테크족'는 중고시장에서 기존 가격보다 수십만 원 더 비싼 가격에 구매하기도 했다. 오죽하면 정부가 지급하는 긴급재난지원금을 보태서라도 샤넬 핸드백을 구매하는 사람도 있다.

롯데백화점 본점에는 개장 전임에도 200명이 넘게 줄을 섰고, 현대백화점에서 200~300명, 신세계백화점에서 40여 명, 갤러리아백화점 명품관에서 70여 팀이 대기하는 등 곳곳마다 긴 줄이 늘어서 장사진을 이뤘다. 나는 이들이 명품 마스크를 사는 줄 알았는데 그게 아니었던 거다. 코로나19 사태에 감염 우려가 높음에도 불구하고 이들에게는 바이러스 감염보다 명품이 더 중요해 보였다.

2020년 5월 13일 서울 강남 신세계백화점 샤넬 매장 앞에서 입장을 기다리고 있는 소비자들
사진출처 : 뉴스핌

곧 죽어도
명품

　　한국인들의 명품 사랑이 날이 갈수록 더해지는 이유는
뭘까? 유럽 명문 HEC Paris 장 노엘 카페레Jean-Noël Kapferer 교수와 뱅
상 바스티엥Vincent Bastien 교수가 공저한《럭셔리 비즈니스 전략The
Luxury Strategy》에서 '럭셔리는 울타리 작용을 한다. 그것은 계층 간의
격차를 나타내고 재창조한다.'라고 했다.

　　코로나19로 인해 언택트 사회가 일반화되면서 울타리의 개념은
더욱 공고해졌다. 언택트 사회 이전부터 우린 이미 부와 사회적 지
위, 개성과 취향에 따라 폐쇄된 울타리 문화를 갖고 있었다. 이것이
코로나19로 인해 더욱 확산·강화된 것이다. 질병의 두려움은 있
지만 인간관계를 유지해야 되기 때문에 검증되고 안전한 사람, 그
러면서 부와 사회적 지위와 취향이 비슷한 사람간의 관계에만 집
중한다. 영화『기생충』에서 상류층 부인이 말한 '믿음의 연결고리'

처럼 검증된 인간관계 중심으로만 움직인다. 이러한 현상을 '파노플리 효과panoplie effect'라고 한다. 파노플리 효과는 특정 명품 브랜드를 가지면 마치 스스로가 값어치 있는 브랜드 집단에 속한 것 같은 느낌을 받는 것이다. 이집트에서는 스포츠 클럽의 자동차 장식을 그 클럽에 다니지 않아도 차에 붙이고 다닌다. 그 스포츠 클럽은 다른 스포츠 클럽보다 3배나 비싸기 때문에 사람들은 금장식을 통해서 비싼 회원권을 끊어 특정 집단의 그룹에 자신이 속해 있다는 사실을 드러내고 싶어 한다. 따라서 명품은 실용성 이전에 다른 집단과 구별되는 차별성과 특별함의 상징이다. 지하철 탈 때 마스크를 반드시 착용해야 하듯, 특정 명품이 해당 집단에 들어가기 위한 기본조건이자 울타리로 작용하는 거다. 백화점 명품업계가 상류층의 프라이빗 서비스, 퍼스널 쇼퍼personal shopper* 서비스와 같은 VIP 문화를 만드는 것도 이런 이유에서다. 경영학에서는 확실한 돈벌이가 되는 브랜드 집단을 '캐시카우cash cow'라고 하는데 투자비용을 모두 회수하고 많은 이익을 창출해 주는 단계로 삼성전자의 경우 반도체 부분이 여기에 해당된다. 코로나19로 더욱 공고해진 파노플리 효과가 백화점의 캐시카우를 창출하고 있다.

백화점은 연간 구입 금액에 따라 VIP 등급을 부여한다. 신세계백화점의 경우 VIP등급을 RED, BLACK, GOLD, PLATINUM, DIAMOND, TRINITY로 나누는데, 최고 등급인 TRINITY는 연간 구매금액이 억 단위 이상이며, 상위 999명에게만 부여한다. 출입할 수

---

* 고객의 쇼핑 편의를 위해 각자 고객의 취향 등에 맞는 맞춤형 쇼핑을 도와주는 사람, VIP 고객들의 방문예약을 받거나 쇼핑을 부탁받는다.

있는 VIP 공간이 따로 제공되고 제품을 추천하는 퍼스널 쇼퍼 서비스도 다르다. 코로나19가 기승을 부리는 기간에는 방역과 소독 등 철저한 위생관리를 하고 고객간 동선이 겹치지 않도록 배려한다. 코로나19가 확산 중인 시기에도 VIP 고객들이 상대적으로 더 백화점을 찾을 수 있었던 것은 방역과 안전에 대한 신뢰 덕분이다. 이러한 세심한 배려와 차별화된 서비스로 인해 다음년도의 VIP 등급이 낮아지는 걸 의식하고 꾸준한 소비로 계속 '중요한 사람'으로 남고 싶어한다. 외제차를 타던 사람이 국산차를 타지 않는 심리와 같다.

여기서 잠깐, 돌발 퀴즈를 맞춰보라. VIP 고객이나 명품족이 제일 싫어하는 말이 뭘까? 이들이 제일 싫어하는 말은 바로 '명품의 민주화democratization'다. 이들은 과도한 공급으로 인해 명품이 갖는 특유의 '희소성'이라는 가치가 희석되는 것을 원치 않는다. 명품이 자신이 속한 집단과 타인을 구분짓는 울타리로 작용해야 하는데, 이런 기본욕구가 충족되지 않으면 고객은 절대 지갑을 열지 않는다.

코로나19 이전에는 '공유경제'가 세상을 바꾸고 있었다. 공유경제의 대표기업인 우버Uber는 2018년 말만 해도 시가총액이 1,200억 달러, 한화로 약 141조 원에 달했다. 글로벌 숙박공유업체인 에어비앤비Airbnb의 기업가치는 310억 달러, 한화로 약 33조 원(2017년 3월 기준)이었다. 소유한 호텔이 하나도 없지만 글로벌 호텔체인인 힐튼호텔보다 21조 원 높다. 이런 수치들만 보더라도 모든 걸 공유하는 그런 세상이 올 것 같았다.

그런데 그렇게 잘 나가는 공유경제의 대표기업들이 코로나19로 인해 오히려 후퇴했다. 아무도 공유하지 않았다. 효율성보다 개인의 안전과 생명이 더 소중하기 때문이다. 우버는 주요 도시 이용자가 코로나19 발생 전에 비해 70퍼센트 감소했고, 정규직 직원의 14퍼센트인 3,700명을 일시 해고했다. 에어비앤비 역시 전 직원의 약 25퍼센트인 1,900명을 해고했고, 기업의 가치는 310억 달러에서 2020년 4월 말 기준 180억 달러로 급감했다.

그렇다면 고객은 어디로 갔을까? 코로나19로 인해 절대적인 수요가 타격을 입었지만 VIP 고객은 자신의 울타리를 지키고 믿음의 연결고리를 유지하기 위해 지속적으로 소비한다. 특급호텔 역시 코로나19로 직격탄을 맞았지만 호텔 식당 중 외부와의 접촉이 차단된 프라이빗 룸은 오히려 예약이 급증해서 1~2주일 앞서 예약이 마감될 정도다. 대표적으로 서울 중구 더 플라자는 호텔 내 위치한 중식당과 뷔페 레스토랑의 경우 오픈되지 않은 장소를 원하는 고객이 늘어나면서 개별룸 예약률이 평시 대비 15퍼센트 늘어났다. 호텔 식당의 명성과 인지도와 함께 소수의 제한된 사람들끼리 믿음을 연결할 수 있어 공유경제보다 프라이빗 룸을 선호하는 것이다.

코로나19로 하늘길이 모두 막히면서 바캉스를 즐기는 사람들이 해외 대신 호텔에서 바캉스를 즐기는 일명 '호캉스족'이 늘어나고 있는 것도 파노플리 효과의 연장선이다. 서울신라호텔의 루프탑 가든은 야외 수영장인 어번 아일랜드 최고층에 위치해 단 24팀만 이용할 수 있는 프라이빗한 공간이다. 2020년 4월 한 달 이용률이 2019년 동월보다 30퍼센트 증가했고, 특히 황금연휴 기간에는 2019년 같은 기간보다 50퍼센트 이상 급증했다. 아무나가 되기 싫은 사람들이 자기 개성과 취향을 드러내며 특별한 대접을 받고 싶은 이들의 심리는 오늘도 '공유' 대신 자신들만의 '프라이빗'한 공간을 찾는다.

플렉스
했어?

1899년 미국의 사회학자이자 사회평론가인 소스타인 베블런Thorstein Bunde Veblen이 세상에 내놓은 고전《유한계급론》은 부유층의 소비 행태에 맹공을 퍼붓는 사회경제학 비평서다. 이 책에서는 '유한'이란 단어가 나오는데 우리가 일반적으로 사용하는 '무한無限'의 반대말이 아니다. 유한계급은 한자로 유한有閑이라고 적고, 영어로는 'leisure class'라고 쓴다. '한閑'은 한가하다는 뜻을 담고 있다. 즉 유한계급有閑階級은 한가한 계급, 한마디로 놀고먹는 계급을 말한다. 재수없지만 꾹 참고 읽어보자.

유한계급은 경제, 사회 문화 등 모든 관점에서 사회구조의 최상부에 위치하면서 그들은 눈높이에 맞는 소비와 생활예절, 가치기준 등의 규준을 제공했다. 유한계급이 창조한 이 규준은 사회구조의 최하층까지 강압적인 영향력을 발휘한다. 사회를 구성하는 어떠한 계급도, 심지어 절대빈곤에 시달리는 빈민조차도 유한계급의 과시적 소비의 유혹을 떨쳐버리지 못하고 그들과 같은 이상을 추구하는데 안간힘을 썼다. 머리는 재수없는 계층이라고 비난하지만 몸은 이미 유한계급을 추종하고 있는 거다. 물론 유한계급의 정신이나 철학적 사상까지 추종하는 것은 아니다. 우리가 우월한 물건을 더 높이 평가하는 것은 그 물건이 아름답기 때문이 아니라 아름다움이라는 미명 아래 숨은 비싼 가격 덕분에 느끼는 만족감이다. 따라서 하위계층의 추종은 유한계급이 가진 과시적 소비와 과시적 여유다. 당시 추종이 어느 정도냐 하면 하위계층의 한 남성은 너무 가난하여 생계마저 불투명한데 스스로 더 높은 계층의 유한계급에게 머리를 숙이고 의존관계나 충성관계를 맺기도 했다.

현대에도 이러한 소비양식이 사회구조 전반으로 확산됨에 따라, 각 계급은 자신의 능력이 허락하는 한 자기보다 나은 지배계급의 생활양식을 본받으려는 경향이 강하다. 1980년대 초반~2000년대 초반 출생한 밀레니얼 세대가 그러하다. 밀레니얼 세대의 주요 소비행태는 개성과 자기표현 욕구가 강해 과시형 소비를 하는 특징을 갖고 있다. 즉, 남들과 다르게 보이고 싶은 욕망에서 비롯되어 또래들이 구매하지 못하는 명품을 구매해 인스타그램 등 SNS를 통해 타인에게 과시하고 싶은 욕구가 크다. 최근 입점한 발렌시아가도 20대 방문이 가장 많고 구매고객도 젊은층이 70퍼센트를 차지하고 있다.

코로나19는 이들에겐 확실한 기회다. 계층간의 차이를 더욱 벌일 수 있기 때문이다. 그런 이들에게 요즘 유행하는 말이 있다. "플렉스 해버렸어" 밀레니얼 세대보다 어린 1020세대가 쓰는 말이다.

'플렉스flex'는 '구부리다.'는 뜻이지만 1990년 미국 힙합문화에서 '부나 귀중품을 과시하다.'란 의미로 사용됐다. 플렉스를 목표로 아르바이트를 하거나 용돈을 모아 명품을 사고, SNS를 통해 플렉스하는 게 1020세대들 사이에서 트렌드가 되었다.

세대를 불문하고 아무나가 되기 싫은 사람들이 점점 늘어간다. 부자와 지식인, 예술가 등만 자기 개성과 취향을 드러내며 특별한 존재로 대접받고 싶은 게 아니다. 2차 세계대전 시절에도, 1968년 5월 사회변혁 운동인 프랑스 68혁명이 태동한 배경도 개성과 취향이 세련된 파노플리 효과였다. 오늘도 우리 모두는 1,500원짜리 똑같은 공적 마스크를 쓰고 다니지만 "플렉스 했어?"로 유한계급을 꿈꾼다.

05

왜 하필 휴지를
사재기할까?

"삶의 죽음에도 모두 우연의 요소가 들어 있다.
문제는 그것을 어떻게 계산하는가다."

대럴 허프Darrell Huff

살 수 있다는
믿음

"코로나19가 창궐하는데도 한국엔 길가에 화장지가 쌓여 있다니!" 한국을 방문한 외국인의 눈에는 마트 앞에 쌓인 화장지 묶음이 신기하다고 생각하고 자신의 트위터에 사진과 함께 이같은 트윗을 올렸다.

한국에도 초기에 사재기 조짐이 있었다. 사재기 대상은 쌀과 라면, 생수와 통조림, 세제와 화장지 등이었다. 다만 한 번도 공급 부족이 발생하지 않았다. 지금 잔뜩 사놓지 않아도 필요할 때 언제나 살 수 있다는 믿음이 생겼다. 그걸로 사재기는 끝났다.

하지만 홍콩, 일본, 미국, 영국, 이탈리아, 스페인 등에선 화장지 사재기 현상이 심각한 사회 문제로 대두되었다. 겁을 먹은 소비자들이 전 세계 슈퍼마켓에 몰려들어 닥치는 대로 사들였다. 영국 유통업계는 신문 등 언론 광고를 통해 "코로나19로 사재기를 하지 말

라."고 호소했고, 1인당 구매할 수 있는 화장지 개수도 제한했다.[9]

미국은 사정이 더 심각하다. 도널드 트럼프 대통령까지 나서서 화장지 사재기를 멈출 방안을 모색했고, 백악관 브리핑에서도 코로나19 생활 수칙에서 "불필요한 양의 식품과 생활필수품을 쌓아놓지 않길 바란다."며 사재기를 멈춰 달라고 거듭 당부했지만 사람들의 태도는 바뀌지 않았다.

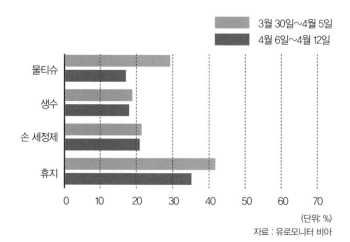

〈미국 생활필수품 품절률〉

사재기를 하는 기본적인 이유는 늘어나는 수요를 공급이 감당하지 못하기 때문이다. 그렇다면 실제로 화장지가 부족했던 건 아닐까? 일부에서는 화장지 원재료가 중국 등에서 수입해오는데 코로나19 사태로 원재료 공급이 중단되면 화장지가 부족해지는 게 아니냐는 의혹이 제기되기도 했었다. 이에 대해 미국 제조업체와 유통업계는 모든 종이 제품은 미국에서 만들고 재료도 주로 북미와 남미에서 공급받고 있기 때문에 화장지 공급에는 아무런 문제가 없다고 했다.

휴지 사재기는
왜?

실제 공급에도 차질이 없고 바이러스에 대한 특별한 보호 기능을 할 수 있는 것도 아닌 휴지를 사재기하는 이유가 뭘까? 미국 대통령이 직접 국가 비상상태를 선포하는 위기 상황에서 사람들은 자신이 인지하는 위기 수준에 상응하는 무언가를 해야 한다는 강박감에 쫓기게 된다. 극적인 경우에는 극적인 대응을 해야 하는데 일상적인 손 씻기만 하고 있기에는 불안한 거다. 그래서 특별한 위험 상황에는 특별한 예방 조치가 필요하다고 생각하는 것이다. 말하자면 사재기는 궁극적으로 불확실성과 두려움에 대응하려면 모종의 행동을 취해야 한다는 '심리적 기제psychological mechanism'인 것이다.[10]

심리적 기제를 확인해보기 위해 이스라엘의 학자인 마이클 바 엘리Michael Bar-Eli는 축구경기에서 페널티 킥을 차는 선수들을 관찰했다. 그 결과 선수들은 3분의 1은 공을 골대의 중앙으로 차고, 3분의 1은 오른쪽으로, 3분의 1은 왼쪽으로 찬다는 사실을 발견했다. 그렇다면 골키퍼들은 어떻게 행동할까? 안타깝게도 그들 중 2분의 1은 오른쪽으로 몸을 날리고, 나머지 2분의 1은 왼쪽으로 몸을 날린다. 모든 공의 3분의 1은 중앙으로 날아온다는 분석결과가 있음에도 말이다.

골키퍼는 왜 이런 행동을 할까? 그 이유는 중앙에 가만히 멈춰 서 있으면 아무것도 하지 않는 것처럼 보이며, 혹 가운데로 공이 오지 않고 골대의 좌우로 공이 날아오는 경우 행동하지 않은 것에 대한 미안함과 심리적 부담이 커지기 때문이다. 그래서 어느 쪽이든 몸을 날리는 것이 뭔가를 했다는 심리적 부담을 줄일 수 있기 때문이다. 자신에 대한 심리적 부담도 있지만 뭐라도 해야 다른 선수들이나 팬들에게 야유를 덜 받기 때문이다. 왼쪽이나 오른쪽으로 몸을 날려야 최선을 다했다는 평가가 남기 때문이기도 하다. 격정적 투쟁 속에 쟁취한 휴지는 자신의 만족을 넘어 타인에게 자랑의 대상이 되기도 한다. 이러한 현상을 '행동편향action bias'이라고 한다. 이러한 행동편향은 증권거래소, 나이트클럽을 비롯한 의사, 경찰 등 우리의 일상에서 쉽게 찾아볼 수 있다. 사실 행동편향은 우리 조상의 행동 패턴에서부터 유래되었다. 우리 선조들은 숲 가장자리에서 무서운 이를 드러낸 호랑이가 나타나면 로댕의 조각 '생각하는 사람'처럼 가만히 앉아서 전력을 심사숙고하지 않았다. 죽음을 무릅쓰고 빠르게 행동하면서 호랑이를 때려잡아야만 그 가치를 인정해 주었다. 함정을 파 놓고 간식이나 먹으며 유유자적하게 기다리고 있어도 될 일을 말이다.

불명확한 상황에서는 오히려 가만히 기다리는 것이 유리할 수 있는데 대부분의 사람들은 뭔가를 하고 싶은 충동을 느낀다. 더 나아가려고 애써도 나아지는 것이 없는데도 불구하고 말이다. 프랑스의 수학자이면서 철학자인 블레즈 파스칼Blaise Pascal은 행동편향을 보이는 인간에게 이렇게 경고한다. "인간의 모든 불행은 그들이 방안에 조용히 머물러 있지 못하는 데 있다."라고.

휴지 사재기를 하는 두 번째 이유는 행동편향과 같은 심리적 기제의 바탕에는 '손실회피편향loss aversion'의 심리가 깔려있기 때문이다. 재미있는 실험 하나를 소개한다. 만약 당신이 길을 가는데 누군가가 선물이라며 2만 원을 준다고 생각해 보자. 그리고 그가 2만 원을 걸고 3만 원을 더 받을 수 있는 내기를 제안한다. 당신이라면 내기에 참여하겠는가? 이 상황에서 대부분의 사람들은 공짜로 생긴 2만 원에 만족하며 내기에 참여하지 않는다.

그렇다면 이런 상황은 어떨까? 누군가 당신에게 선물로 5만 원을 준다. 공짜로 생긴 돈에 기뻐할 찰나, 그가 5만 원 중에서 3만 원은 다시 돌려달라고 말한다. 그리고 지금 가지고 있는 2만 원을 걸고 3만 원을 되찾을 수 있는 내기를 제안한다. 이 내기에는 참여하겠는가? 실험 결과 많은 사람들이 내기에 참여했다.

2만 원을 걸고 3만 원을 더 받을 수 있는 내기라는 상황은 같지만, 그 결과는 전혀 다르다. 이는 5만 원을 받았다가 3만 원을 뺏긴 사람들은 '빼앗긴 내 3만 원을 되찾아야 해'라는 손실회피 심리를 느꼈기 때문이다. 이는 돈을 따고 잃을 확률이 똑같은 두 가지 실험에서 손실회피라는 심리를 자극하느냐, 하지 않느냐에 따라 인간의 선택은 전혀 달라진다는 뜻이다. 휴지를 사재기하는 이유도 마찬가지다. 부피는 어마하고 가격은 고만한 화장지일지라도 살 수 있을 때 사놓지 않으면 큰 손실로 여기기 때문이다.

오바마 전 대통령은 손실회피 심리를 적극 활용해 100년이나 묵혀 온 미국 건강보험 개혁법안을 통과시켰다. 그는 반대파 의원들을 설득하기에 앞서, 국민 의료보험 덕분에 안정적 의료 환경이 구축된 개발도상국의 사례를 먼저 보여줬다. 그리고 이와 대비되는 미국의 현황을 제시했다. 이를 통해 미국 국민들이 의료 부분에서 얼마나 많은 것을 '놓치고(손실)' 있는지 적나라하게 보여줬다. 여기서 중요한 것은 비교 대상이 선진국이 아니었다는 점이다. 건강보험 개혁이 이뤄지지 않는다면 미국이 '개발도상국(비교)보다도 못한(손실)' 현실임을 강조한 것이다. 의료보험 도입으로 인해 좋아지는 점(획득)을 아무리 강조해도 사람들은 움직이지 않았다. 그래서 '비교 대상'이 필요하고, 이를 통해 '놓치고 있는 것(손실)'을 알려줘야 한다. 세계 1위의 국민소득을 자랑하는 선진국으로서 응당 가져야 하는 것을 못 누리고 있다는데, 마음이 움직일 수밖에 없다.

세 번째 이유는 심리적 안정감에서 찾을 수 있다. 만약 당신이 화장실에 볼일을 볼 때 있어야 할 곳에 휴지가 없다면 어떨까? 겪어 본 사람은 알겠지만 매우 불안하다. 반면 휴지가 있어야 할 장소에 있으면 안심이 된다. 이는 우리가 먹고 자고 배변하는데 우리 자신을 돌보는 기본적, 생리적 욕구다. 미국 템플대학교의 프랭크 팔리 Frank Farley 교수는 "코로나19는 우리가 의무적으로 집에서 머물러야 하고, 따라서 화장지를 포함하는 생필품을 쌓아놓아야 하는 일종의 생존주의 심리학을 불러 일으킨다."고 했다. 그 이유를 경제학에서도 찾아볼 수 있는데, 화장지는 대체재가 없기 때문이다. 실제 SNS에서 어떤 사람은 화장지가 없어서 "물에 씻어 보냈다.", "신문지로 닦았다."는 등의 글도 올리기도 했다. 음식은 떨어지면 다른 음식을 찾으면 되지만, 화장지는 특별히 대체할 만한 게 없기 때문에 사재기를 하게 된다.

네 번째는 마블 영화 얘기로 시작해보자. 미국 마블 스튜디오의 히어로 영화 시리즈 '어벤져스 엔드게임'이 2019년 4월 국내에 개봉하면서 엄청난 돌풍을 일으켰다. 사전 예매만 200만 장을 넘었고, 역대 최고 오프닝인 134만 명을 돌파했다. 코로나19로 2020년 4월에 재개봉했음에도 불구하고 2,319명을 동원하며 '라라랜드'에 이어 2위를 차지했다. 인구와 경제 규모 대비, 한국은 전 세계에서 가장 마블을 사랑하는 나라라고 해도 과언이 아니다. 이전 마블 스튜디오가 내놓은 '블랙 팬서'는 539만 명, '어벤져스3'는 1,116만 명이 관람하면서 대대적인 흥행을 거뒀다.

과연 마블 영화가 흥행을 지속하는 이유는 무엇일까? 탄탄한 스토리와 연결성, 복잡함없이 핵심이 쉽게 이해되는 심플함 등에서도 찾아볼 수 있지만 무엇보다 '동조성 심리'에 무게가 실린다. 평소 관심 없던 음식점 앞에 길게 줄 서 있는 것을 보고 "저 집 뭐가 있는 것 같은데"라며 다음 날 함께 줄 서 있는 나를 발견한다. 쉽게 표현하자면 동조성 심리란 '너도 먹으면 나도 먹는다.'는 행동양식을 말한다. '어벤져스 엔드게임'에서는 '너도 보면 나도 본다.'는 심리가 작용 된 것이다. 어느 정도 입소문이 나면 바로 사람의 뇌가 주변에 쉽게 동조하여 생각도 하지 않고 바로 반응하기 때문에 일어나는 현상이다. 이처럼 주변에 대한 동조성은 사람의 주관을 자신도 모르게 바꾸는 일을 벌이도록 한다. 특히 객관적인 논리의 힘이 없을 경우 이는 더욱 심해질 수가 있다.

불과 4~5년 전 만해도 인천국제공항에 가면 여행객들 속에서 유난히 알록달록한 등산복이 눈이 띄었다. 특히 단체 여행객들은 마치 서로 맞춘 듯 등산복 일색이다. 여행지에서 즐겨 입다보니 등산복을 입은 건 한국인이라는 얘기가 나올 정도다. 이들이 가는 곳은 트레킹 코스가 아닌 다운타운, 미술관, 박물관, 오페라 하우스다. 급기야 한 여행사는 등산복을 자제해 달라는 문자를 고객들에게 보낸 것으로 알려져 논란이 일기도 했다.

그런데 왜 하필 등산복일까? 등산복은 원래 선진국에서 수요가 집중되는 품목이다. 고기능성의 첨단소재로 생산되기 때문에 일반 의류보다 고가다. 고가의 여가장비를 구입하는 것은 사회적 지위를 드러내는 효과적 수단이므로 비교우위에서 지면 불행해진다. 여행을 마친 후 여행객들은 루브르 박물관의 그림 이야기보다는 옆집 엄마가 입은 옷에 대해 반응한다. "내 옷보다 천이 한결 부드러웠어, 썩을 년!"

휴지를 사재기하는 것도 같은 맥락이다. 아무 생각없이 마트에 갔는데 화장지 선반이 텅텅 비어있는 것을 보면 어떤 생각이 들겠는가? 너도 나도 화장지를 잔뜩 사가는 것을 보면 "다들 화장지를 사는 데는 그럴만한 이유가 있을 것"이라며 이유는 몰라도 화장지부터 집게 된다.

사람들은 코로나19와 같은 재난 상황이 다가오면 평소보다 더더욱 비합리적으로 행동하게 된다. 특히 사재기는 자신만을 위한 단순히 이기적인 행동인 것처럼 보이지만 행동편향, 손실회피성향, 생리적 욕구, 동조성 심리 등 다양한 비합리성이 구매 욕구를 자극하게 된다.

06

단절일까?
소통일까?

“인간의 실수야말로 인간을
진실로 사랑해야 할 존재로 만든다.”

괴테|Goethe

단절 Vs.
소통

코로나19 확진자가 급증하면서 정부는 지역사회 감염 차단을 위해 2020년 3월 22일부터 가급적 외출을 자제하고, 부득이하게 사람들을 만나더라도 코로나19 감염 방지를 위해 2미터 이상 사회적 거리두기를 권고했다. 정부의 고강도 권고에도 불구하고 사회적 거리두기는 잘 지켜지지 않았다. 더 큰 문제는 자가격리 위반자들이다. 2020년 5월 13일 기준 자가격리 무단이탈자는 총 384명, 무단이탈 건수는 393건이며, 이 중 299명에 대해 경찰 수사 중이다. 최악의 상황을 막기 위해 정부는 4월 27일부터 자가격리자 중 지침 위반자는 전자손목팔찌인 안심밴드를 착용하게 했다. 뿐만 아니라 이들에 대한 형사처벌의 수위 역시 1년 이하 징역 또는 1,000만원 이하의 벌금으로 그 수위를 높였다.

이러한 상황은 한국에만 국한되지 않는다. 러시아 극동 연해주는 상황이 더 심각하다. 2020년 5월 11일 기준 최근까지 연해주에서 자가격리 조치를 위반해 경찰 등에 적발된 사례는 모두 5천 85건에 달한다. 미국의 경우 버스 운전자는 한 무책임한 승객이 자신의 차에 올라타 기침을 한 결과 죽음을 맞이하기도 했다. 그는 죽기 전 분노를 담은 영상을 올려 파장을 일으키기도 했다. 한 가장으로서 생계를 책임져야 하는 입장에서 목숨을 담보로 버스를 운전했지만, 부주의한 감염자로 인해 희생자가 늘어나고 있다.

코로나19라는 팬데믹에 직면했음에도 불구하고 인간은 왜 이렇게 이기적일까? 사람들은 대개 윤리와 자기 이익이 충돌할 경우 후자를 택한다. 머릿속에서 윤리의 정당성을 따져보다가도 이내 자기 잇속을 챙기는 것이 항산항심恒産恒心이자 이기적 인간의 자화상이다. 이처럼 인간은 누구나 자신을 실제보다 더 나은 사람으로 윤색하고 싶은 이기적 욕구 때문에 이타적, 협력적 성질은 퇴행되어 사회를 타락시킨다. 모든 살아있는 유기체에는 이기적인 측면이 있고, 그것이 줄어들지언정 소멸하지는 않는다. 그러나 인간이 위험에 직면했을 때는 다른 태도를 보이기도 한다. 즉, 더 잘 뭉치고 사회적 접촉을 더욱 추구하려는 경향이 강하다는 거다. 이런 진화적 전략은 인간의 생존에 유리했을지 모르나, 현재 코로나19의 위험을 맞이한 측면에서는 상황이 다르다.

최근 세계적인 학술지인 셀Cell은 『팬데믹들과 심각한 진화적 불일치Pandemics and the great evolutionary mismatch』[11)라는 논문을 발표했는데,

코로나19와 같이 극심한 스트레스에 놓인 사람들은 이기적인 회피보다는 협력과 접촉을 추구하는 현상을 보인다고 주장했다. 불안과 위협에 처했을 때 자기 자신만을 위한 이기적인 행동을 하는 것이 아니라 다른 사람들을 도우려는 경향이 늘어난다는 거다. 이러한 심리적 경향을 코로나19에 대입하면 사람들은 주변에 가깝게 지내는 사람이나 취약한 사람들과의 단절이 아니라 오히려 사회적 접촉을 늘이고 싶어하는 결과가 나온다.

2020년 5월 17일 기준 영국의 코로나19 사망자 수가 스페인, 이탈리아를 넘어서며 세계 3위에 올랐음에도 여전히 사람들이 테라스에 모이면서 사회적 거리두기의 원칙을 깨고 있다. 독일은 마스크 착용 의무화와 엄격한 자가격리 조치를 취했지만 잘 지켜지지 않았고 사람들은 여전히 함께 했다. 코로나19와 같은 위협 상황이 사람들과 더 가깝게 지내려는 관성이 전 세계에서 발생하고 있다.

셸의 연구에 따르면 정상적인 상황에선 사람들이 서로 어울리는 거리는 1미터다. 사회적 접촉과 관계를 맺으려 하는 건 인간의 자연스런 본성이다. 사회적 접촉은 어떤 보상을 얻으려는 별도의 행위가 아니라 인간의 내면에 자리 잡고 있는 기저 반응이다. 그래서 우리 뇌는 사회적 접촉이 있는 걸 당연하게 여기며, 접촉이 사라지면 부정적으로 반응한다.[12] 코로나19로 인해 집 안에 머무는 시간이 많아지면서 가정폭력 건수가 늘어난 것이 단적인 예다. 유엔인구기금UNFPA에 따르면 코로나19 기간 동안 세계적으로 가정폭력이 20퍼센트 증가했으며, 최소 1,500만 건의 추가 가정폭력 사례가 발생할 것으로 예측하고 있다. 이러한 현상은 2014~2016년 에볼라 사태, 2015~2016년 지카 바이러스 유행 때도 마찬가지였다. 1989년 알래스카의 기름 유출 때, 재난 관련 높은 스트레스는 가정폭력을 약 3배 증가시켰다.

코로나19는 스트레스 요인이 더욱 많다. 바이러스성 전염병으로 인해 걱정하는 상태가 계속되고 스트레스성 호르몬인 코르티솔이 과다 분비될 수 있기 때문이다. 스트레스 호르몬의 상승은 공격성을 증가시킨다. 때문에 사람들이 혼자 있는 게 더 안전하다는 사실을 알고 있지만 사회적 접촉을 시도하는 이유다. 무엇보다 친화 욕구와 접촉의 시도는 스트레스와 책임감을 감소시키고 마음의 위안을 얻는다. 이들은 가까운 곳에 사람이 없으면 친숙한 장소를 찾는다. 이게 바로 자가격리 조치가 일어나기 전 대규모 이동이 일어난 이유다. 이 때문에 코로나19는 더 많이 확산되었다.

많은 유기체들은 바이러스, 세균, 독성물질 등과 같은 감염된 생물학적 유해인자를 피하며, 감염된 개체는 스스로를 격리하면서 바이러스의 번식을 막는다. 이게 자연스러운 일이다. 인간 역시 마찬가지 메커니즘을 갖고 있다. 이런 메커니즘은 아주 보수적인 성향을 가지고 있는데 어떤 정치인 싫으면 해당 정당과 정당에 소속된 정치인들이 모두 싫어지고 혐오 반응이 오래 지속된다. 일상생활로 예를 들면, 나에겐 5년간 자주 다니던 식당이 있었다. 맛도 훌륭했지만 사장님의 인심도 좋았다. 그런데 어느 날 잔치국수를 시켜 먹고 있는데 바퀴벌레가 음식에 빠져 있었다. 그것도 통통하게 살이 찐 살아있는 바퀴벌레였다. 나는 다시는 그 집의 잔치국수를 먹지 않았을 뿐만 아니라 그 식당에 발을 완전히 끊어버렸다. 생각만 해도 괴롭다. 그렇다면 왜 이번 코로나19에선 인간의 혐오 거부 메커니즘이 작동하지 않는 것일까? 왜냐하면 코로나19의 위기상황이 장기간 진행되면서 친화 욕구와 접촉을 시도하는 심리가 혐오 거부 메커니즘을 압도했기 때문이다.

그렇다면 코로나 바이러스 확산을 줄이면서 친화 욕구를 충족하는 방법은 없을까? '단절'과 '고립'이 아니라 오히려 '소통'이라는 이미지를 강화해야 한다. 스탠포드대학 심리학자 자밀 자키Jamil Zaki 교수는 "다른 사람들과 자발적으로 신체적 접촉을 제한하는 사회적 거리두기는 코로나19의 확산을 늦출 수 있는 가장 핵심적인 요소다. 그러나 인간에게는 함께하고 소통하는 것이 매우 중요하며, 이를 할 수 없게 될 경우 코로나19의 유행이 종결되었을 때 심리적, 신체적 건강에 장기적인 위기가 찾아올 수 있다."고 경고했다. 나아가 자밀 교수는 떨어져 있어도 함께 할 수 있다는 것을 강조하기 위해 '사회적 거리두기social distancing'가 아닌 '신체적 거리두기physical distancing'로 용어를 재정립하는 것을 강조했다.

니는 자밀 교수보다 한 단계 더 나아가 '신체적 거리두기'보다는 '거리두고 소통하기'를 주장한다. 여기서 중요 키워드는 '소통'이다. 물론 방법은 오프라인이 아닌 온라인 소통을 통해서 말이다. 정부는 다양한 온라인 채널을 통해 사회적 접촉과 소통 운동을 적극 권장하고, 일상에서 아무런 문제가 없을 정도로 국민간 멀티 채널, 크로스 채널 소통을 이어갈 수 있게 해야 한다.

다른 나라는 못해도 한국은 온라인 소통을 적극 장려할 환경이 이미 만들어져 있다. 한국만큼 초연결 사회에 강한 나라가 없기 때문이다. 인터넷, 인공지능, 5G, 증강현실, 가상현실, 스마트 시티, 사물인터넷, 모바일 기기, 센서 기술 등 모든 것이 네트워크로 연결된 사회가 한국이다. 한국은 2018년에 이미 스마트폰 가입자 5,000만 명을 넘겼다. 인구대비 1인 1스마트폰 시대가 열린 셈이다. 전 세계 사람들이 실시간 연결되어 있고 끊임없이 데이터를 쏟아내고 있다. SNS 서비스를 통해 사람과 사람이 더 긴밀하게 연결되고 있다. 그런데 아이러니하게도 초연결 시대에 '단절'이 중요한 이슈가 되었다. 코로나19로 인한 단절은 오프라인의 단절이지 온라인이 아니다. 온라인에서 친화욕구와 사회적 접촉을 더욱 촉구해야 한다.

세대에 따라, 상황에 따라, 재미 정도에 따라 사람들이 연결되어 그곳에서 스트레스를 해소하게 끔 해줘야 한다. 각자의 집에서 일상의 재미를 찾는 '홈테인먼트Home+Entertainment'를 국민 문화로 정착하고 소통을 강화해야 한다. 하지만 그 어디에도 '단절'만 있지 '소통'은 없다.

07

같은 돈
다른 가치

"뼈를 깎는 듯한 체험을 통해 우리들은 배웠습니다.
아무리 합리적으로 생각을 한다고 해도
사회생활에서 발생하는 문제가 해결되는 것은
아니라는 것을."

알버트 아인슈타인Albert Einstein

당신 지금
제정신이야?

대전에 사는 주부 최은경씨는 5월 15일 남편과 크게 다퉜다. 정부가 코로나19로 위축된 소비심리를 회복하고 국민생활 안정을 위해 2020년 5월 4일부터 지급한 긴급재난지원금이 문제의 발단이 되었다. 최씨는 긴급재난지원금 100만 원을 지급받은 신용카드로 미용실에서 30만 원을 주고 파마를 했다. 지원금 사용 내역 문자를 받은 남편은 "머리를 금으로 염색하냐, 무슨 30만 원이나 쓰냐, 제정신이야!"며 아내를 타박했다. 아내는 "코로나 때문에 닉 달 만에 미용실에 갔더니 평소보다 돈이 좀 나왔네, 나라에서 쓰라고 준 돈이고 그간 집에 갇혀 아이 둘을 돌봤는데 이 정도도 못하냐"고 반문했다. 아내는 화부터 내는 남편이 서운해 그날 한마디도 하지 않았다.

상황을 바꿔서 다음의 질문에 답해보자. 만약 당신이 최은경씨라면 정부로부터 받은 100만 원이 아닌 본인 또는 남편이 한 달간 열심히 일해서 번 100만 원이라면 30만 원을 주고 파마를 하겠는가?

다른 상황을 제시해보겠다. 당신은 어떤 결정을 내릴지 판단해보기 바란다.

 상황1

30만 원짜리 뮤지컬 티켓을 미리 예매해 놓았다. 그런데 집을 나서려니 티켓이 사라져 찾을 길이 없다. 뮤지컬을 보기 위해서는 티켓을 재구매 해야 한다. 이때 당신은 다시 30만 원을 내고 티켓을 구매하겠는가?

 상황2

30만 원짜리 뮤지컬을 보러 가는 중이다. 그런데 공연장 앞 입구에서 선물용으로 받아 지갑에 넣어 두었던 30만 원짜리 뮤지컬 상품권이 사라졌다는 사실을 발견했다. 이때 당신은 다시 30만 원을 내고 티켓을 구매하겠는가?

상황1과 상황2에서 당신은 각각 어떤 판단을 내렸는가? 결과에 따르면 대다수의 사람들이 상황1에서는 "티켓을 사지 않는다."라고, 상황2에서는 "티켓을 재구매한다."고 응답했다. 객관적으로 보았을 때 상황1과 상황2는 공히 30만 원이라는 경제적 손실로 본질적인 차이가 없다. 그럼에도 불구하고 상황1과 상황2에서 다른 선택을 하는 이유는 뭘까?

우리 인간은 같은 가격이라도 그 돈이 어떻게 얻어졌는지, 어떻게 쓰이는지에 따라 태도를 달리 취한다. 이러한 행동을 '심리적 회계장부mental accounting'라고 하는데, 일상생활 속에서 분명히 똑같은 액수를 지출하거나 수익을 얻었지만 기업의 회계장부와 주부의 가계부처럼 마음속에 나름대로 분류한 계정별로 구분해 다른 장부에 기록하는 것을 일컫는다.

위 예시로 다시 돌아가보면 상황1에서는 30만 원을 힘들게 일해 번 돈이라는 인식을, 상황2에서는 복권과 같은 공돈이라고 인식한다. 최은경씨의 사례에서도 마찬가지로 정부에서 받은 100만 원을 공돈으로 인식하기 때문에 씀씀이가 늘어나게 된 것이다. 분명 열심히 일한 노동의 대가로 받은 100만 원이라면 씀씀이는 달라졌을 것이다. 관련된 실제 사례를 살펴보면 2020년 5월 13일부터 21일까지 국산 정육 매출은 전년 동기 대비 317퍼센트 증가했다. 갑자기 생긴 공돈이 한우 쏠림 현상으로 나타났다.

투자를 할 때도 비슷한 심리가 발생한다. 투자자들은 원금 손실이 발생할 리스크가 높을 내는 보수적으로 투자하지만 일단 수익을 얻어 수익금만으로 투자를 할 때는 태도가 달라진다. 투자자들이 수익금으로 투자할 때는 상대적으로 위험에 무감각해지며 공격적으로 변한다. 수익금은 어차피 공돈이고 내 돈이 아니었으니 잃어버려도 괜찮다는 생각이다. 이런 심리상태로 투자 손실에 대한 후

회나 상실감은 원금을 투자해서 손해보는 후회나 상실감보다 낮다.

사람들은 일상적 경제생활을 하면서 발생한 수입과 지출을 기록하는 장부가 있는데, 단순히 수입과 지출이 아닌 좀 더 세부적인 항목으로 기입하려는 성향이 있다. 예를 들면 같은 지출이라도 선물비, 의류비, 여가비, 식비, 통신비 등으로 꼬리표를 붙여 놓는다. 수입도 월급, 성과급, 이자수입, 기타수입 등으로 따로 기재한다. 특정항목을 어디에 포함하느냐에 따라 손실이 되기도 하고 수익으로 잡히기도 한다. 무엇보다 사람들은 이 회계를 손실로 마감하지 않으려는 경향이 강하다. 예를 들어 평소 스타벅스에서 즐겨 먹는 5,800원짜리 '체리블라썸 루비 라테'를 시켜 먹으려고 하는 순간 갑자기 어제 생각이 났다. 퇴근하는 길에 아내가 2,000원짜리 오이를 한 묶음 사오라고 해서 채소 가게에 가보니 가격이 두 배나 올라 4,000원에 샀던 자신의 모습이 떠올랐다. 계획보다 2,000원 더 주고 산 것 같아 5,800원짜리 '체리블라썸 루비 라테'를 먹지 못하고 3,800원짜리 '오늘의 커피'를 마셨다. 자신의 생활비 계정에 2,000원이 초과되었기 때문에 안타깝지만 인내력을 발휘할 수밖에 없었다.

상황1로 다시 돌아가 보자. 상황1의 경우 30만 원짜리 뮤지컬 티켓을 이미 '문화생활비' 계정으로 분류해뒀다. 그런데 뮤지컬을 보는데 다시 30만 원을 내기에는 '문화생활비'에 손실이 발생하게 되므로 아깝다는 생각이 든다. 반면 상황2는 선물로 받은 30만 원의 뮤지컬 상품권이 사라진 것이기 때문에 문화생활비는 여전히 30만 원이 남아 있게 된다. 이처럼 사람들은 돈의 출처, 형태, 크기, 사용처 등에 따른 별도의 심적 공간을 두고 있기 때문에 들어가는 금액이 같더라도 이를 받아들이고 해석하는 방식은 물론 최종 지출 행태까지 달라진다는 것을 알 수 있다.

연말 정산의
진실

2015년 한국 정부는 '적게 떼고 적게 돌려받는 방식'으로 연말정산 제도를 바꿨다가 납세자의 화만 북돋았다. 논리적으로 매달 적게 내는 것이 납세자에게 유리하고 소액이라도 이자수익이 발생하기도 한다. 그런데 왜 납세자들이 화가 났을까? 2014년 연봉이 1억 1천만 원인 김모 씨는 연봉 변화가 없고 부양가족이 한 명 더 늘었는데도 2014년에 200만 원을 환급받았다가 2015년에는 62만 원을 토해냈다. 결정세액도 400만 원에서 1천 200만 원으로 급증했다. 김모 씨의 사례처럼 납세자의 화를 자초하게 된 이유는 2014년까지만 해도 납세자들이 연말정산 때 환급받은 돈을 '이전소득' 계정으로 넣어뒀는데 2015년 이후 갑자기 '조세지출' 계정으로 바뀌자 박탈감이 심해졌기 때문이다. 소득에서 지출로 바뀌면서 발생한 심리적 충격을 만회하기가 어려운 사실을 정부는 몰랐던 거였다.

그렇다면 코로나19와 같은 특수상황에서 내수시장을 살리고 경제난을 극복하기 위해서는 어떻게 해야 할까? 그렇다. 정답은 경제부흥정책을 만들어 소비를 촉진시켜야 한다. 2020년 정부가 긴급재난지원금 14조 2,448억 원을 푸는 이유도 소비를 촉진하여 국민경제에 활력을 불어넣기 위함이다. 그 대표적인 방법이 비교적 단기간에 효과를 볼 수 있는 세금감면이다. 세금감면에는 일반적으로 두 가지 방식이 있다. 하나는 세율을 낮추는 것으로 사람들이 납입해야 하는 세금액수를 직접적으로 줄여주는 것이다. 2015년에 적용했던 연말정산 제도 방식이 그러하다.

다른 하나는 세금환급 방식이다. 납세자들은 일단 기존 세율대로 세금을 납부하지만 세금 징수 기간이 끝나면 정부에서 새로운 세율에 근거해서 차액을 돌려준다. 두 가지 방식으로 거둔 최종 액수가 같다면 세율을 5퍼센트 내리는 것과 납부 금액을 5퍼센트 환급해 주는 것은 본질적으로 차이가 없다. 그러나 소비를 자극하는 효과는 차이가 많이 난다.

과연 어떤 방법이 소비 촉진에 효과적일까? 정답은 두 번째 방법이다. 심리적 회계장부의 영향으로 사람들은 위의 두 가지 상이한 감세방식에 다르게 대응한다. 첫 번째 방식으로 세금을 감면해 주면 절차상으로는 환급하는 것보다 훨씬 간단하다. 세율을 인하해 실질적인 세금이 줄어들더라도 사람들은 여전히 자신이 피땀 흘려 번 돈으로 채워 놓은 심리 회계장부에서 빠져나가는 돈은 아깝기만 하다. 이 때문에 소비 촉진에 그다지 큰 영향을 미치지 않는다.

그러나 기존의 세율로 세금을 내고 나면 내 손을 떠난 돈은 더 이상 피땀 흘려 채워둔 심리 회계장부와 관련이 없게 된다. 그리고 나중에 정부에서 다시 세금을 환급해 주었을 때 그 돈을 이전 장부에 넣지 않는다. 일종의 부수입으로 간주되기 때문에 쉽게 써버린다.

따라서 정부 입장에서 본다면 세율을 낮추는 것보다 세금을 환급하는 것이 소비 촉진이라는 목적을 달성하는 데 훨씬 효과적이다. 만약 정부관계자들이 이 원리를 모른다면 세금 감면으로 정부 수입만 줄어들고 소비 촉진에는 효과가 없는 정책을 펴게 된 꼴이 된다. 위의 사실을 종합해 보면 심리 회계장부의 활용 전략은 정부의 경제 정책 수립에도 중요한 판단 기준이 된다.

세금을 환급해서 공돈이라는 인식을 심어주어 국민의 소비를 촉진하는 것처럼 기업에서는 이를 마케팅 전략으로 활용해 매출을 올리고 있다. 흔히 '공짜 점심free lunch은 없다.'는 말을 자주 한다. 무언가를 얻으려면 어떠한 형태로든 대가를 지불해야 한다는 뜻이다. 하지만 실생활에서는 공짜 휴대폰, 도서, 오프라인 교육, 영화표, 항공권 등 공짜 제공을 통해 수익을 창출하는 '공짜경제freeconomics' 비즈니스 모델이 일반화되었다. 공짜경제를 활용한 대표적인 기업이 웅진코웨이다. 2009년 기준 웅진코웨이는 경기불황에도 9분기 연속 최대 매출을 달성했고 고객수만 461만 명에 달한다. 웅진코웨이의 성장배경에는 '페이프리'라는 공짜경제가 자리잡고 있다. '페이프리pay free'란 단어 그대로 돈을 내지 않고 제품을 사용할 수 있는 서비스를 제공하는 것을 말한다. 웅진코웨이는 외환카드, 현대카드와 손잡고 카드사용 금액의 일정 부분을 포인트로 적립해 최대 3만 원에서 6만 원까지 통장에 현금으로 입금해준다. 이렇게 환급받은 금액으로 제품당 월 3만 원하는 렌털료를 대체할 수 있으므로 고객은 결국 공짜로 사용하는 셈이다. 그 결과 서비스 시작 1년 만에 페이프리 신용카드 가입 고객이 12만 명, 멤버스 회원은 110만 명으로 늘어났다.[13] 따지고 보면 포인트로 적립된 현금은 공짜가 아니다. 하지만 고객은 자신이 피땀 흘려 번 돈이 아닌 가치이기에 심리 회계장부에서 빠져나가도 아깝지 않다고 생각한다. 환경가전에서 시작된 공짜경제는 오늘날 통신, 유통, 게임 등 전 분야에 활용되고 있다.

같은 돈
다른 가치

어느 날 정장을 한 벌 사려고 아울렛 매장에 들렀더니 32만 5천 원짜리 정장이 참 괜찮아 보인다. 퀄리티와 핏도 적당했다. 함부로 샀다가는 아내한테 혼날 수도 있어 아내에게 검사를 받기 위해 카톡으로 사진도 보내줬고 마침내 허락도 구했다. 그래서 정장을 사기 위해 매장 직원에게 32만 5천 원을 결제하려는 바로 그 순간, 아내에게 카톡이 날라왔다. "10분 정도 떨어진 거리에 같은 원단과 디자인의 정장이 32만 원에 판다."는 소식이었다. 당신이라면 5천 원 더 저렴하게 사기 위해 10분 정도 떨어진 매장까지 가겠는가? 아니면 그냥 5천 원을 더 내고 현재 매장에서 정장을 사겠는가? 실제 실험 결과 다른 매장으로 가서 코트를 사겠다고 응답한 사람은 29퍼센트였다.

이번에는 상황을 바꿔보자. 싱싱해 보이는 참외를 사기 위해 마트에 들렀는데 가격이 15,000원으로 표기되어 있었다. 정가제라 흥정할 수도 없고 15,000원을 결제하는 순간, 아내에게 카톡이 날라왔다. "마트에서 10분 정도 떨어진 과일가게에 참외를 10,000원에 판다."는 내용이었다. 이 상황에서 당신은 어떻게 하겠는가? 역시나 실험을 해봤더니 이번에는 무려 68퍼센트의 사람들이 다른 과일가게에 가서 10,000원짜리 참외를 구매하겠다고 응답했다. 29퍼센트와 68퍼센트, 오차범위를 감안해도 무시할 수 없는 차이다. 32만 5천 원과 32만 원, 15,000원과 10,000원! 똑같은 5천 원 차이인데 사람들의 행동은 왜 이렇게 다른 결정을 내리는 걸까?

다음의 야구선수 연봉 이야기로 이해해보자. 연봉이 7,800만 원인 승엽과 연봉이 7,000만 원인 준혁이 있다. 두 사람 모두 결혼도 해서 자녀도 둘이고 나이 등 모든 조건이 동일한 상황이다. 둘 중 누가 더 행복할까? 모든 조건이 동일하다면 당연히 연봉 7,800만 원인 승엽이 준혁보다 조금 더 행복할 거다. 그런데 만약 승엽의 작년 연봉이 8,000만 원이었고, 준혁의 작년 연봉이 6,800만 원이었다면 어떨까? 누가 더 행복할까? 연봉이 200만 원 삭감된 승엽보다는 200만 원 오른 준혁이 조금 더 행복할 거다.

이해가 되는가? 승엽과 준혁 모두 200만 원이라는 가치는 동일하다. 이것을 '절대적 가치'라고 한다. 하지만 8,000만 원에서 200만 원과 6,800만 원에서 200만 원은 엄연히 다르다. 이것을 '상대적 가치'라고 한다. 사람들은 의사결정을 내릴 때 절대적인 가치보다는 상대적인 가치에 민감하게 반응하다. 정장과 참외의 사례에서도 정장 32만 5천 원에서 5천 원은 1.53퍼센트에 해당되는 적은 액수지만 참외 15,000원에서 5천 원은 33퍼센트에 해당되는 큰 금액이다. 그래서 어떤 가치, 어떤 준거점을 가지고 있느냐에 따라 대상에 대한 평가가 달라진다.

영화『완벽한 타인』, JTBC 드라마『부부의 세계』에서도 그 맥락을 이해할 수 있는데, 부부 동반 동창회에 다녀온 날 부부싸움을 할 확률이 높다. 그 이유 역시 준거점, 즉 상대적 가치 때문이다. 더 잘 나가는 동창을 기준점으로 삼아 비교를 하기 때문에 부부싸움을 하게 되는 것이다. 사람들은 일반적으로 자신보다 더 나은 조건에 있는 사람들을 기준으로 삼아 비교하기 때문에 우울하거나 불행하다는 느낌을 받곤 한다.

08

행복
칼로리표

"많은 사람들이 무엇이 진정한 행복인지에 대해
잘못된 생각을 가지고 있다.
행복은 자기만족에 의해서가 아니라,
가치 있는 목적에 충실함으로써 이루어진다."

헬렌 켈러Helen Keller

가까울수록
보이는 것들

코로나 바이러스 확산을 막기 위해서 정부는 사회적 거리두기, 등교 연기 등의 조치를 취했고 기업은 앞다투어 재택근무와 원격근무를 실시했다. 해당 당사자들이 원해서 취해진 조치는 아니었지만 그래도 가족들이 함께 모이는 시간이 늘어나면 소통도 잘 되고 행복할 줄 알았다. 그러나 역설적이게도 행복은커녕 가정폭력과 이혼이 증가했다. 영국은 이동 제한 조치가 내려진 2020년 3월 말 이후 가정폭력 혐의로 4천여 명을 체포했고, 아르헨티나에서는 격리 조치가 시행된 후 20일 동안 18명의 여성이 배우자나 전 배우자에게 살해당했다. 미국에선 외출 제한령 발효 이후 가정폭력이 최대 24퍼센트 증가했고, 스페인에서도 외출 제한령 초기 첫 2주 동안 가정폭력 전화 신고는 12.4퍼센트, 온라인 상담 건수는 270퍼센트 증가했다.[14] 코로나의 발원지인 중국에선 산시성 시안, 광저우성 선전 등 대도시에서 2020년 3월 관공서가 다시 문을 열자 이혼 신청이 쇄도했다.

물론 한국, 일본도 예외는 아니다. 오죽하면 5월 21일이 '부부의 날'이었는데, 코로나19 덕분에 JTBC 드라마 『부부의 세계』 스토리로 나의 일상이 바뀌고 있다는 말까지 생겼다. 이런 상황을 빗대 '코비디보스Covidivorce'라는 신조어까지 등장했다. 코로나19covid와 이혼divorce의 합성어다. 한 인터넷 게시판에는 코로나19 확산 초기에 "남편이 약속 안 잡고 일찍 와서 좋다."는 글들이 꽤 있었는데, 이제는 "저녁 먹고 들어갈게", "오늘 좀 늦어"라는 문자가 무척 그립다고 한다.

겉보기에 단순하고 보잘것없이 보이는 사물도 자세히 관찰하면 그 안에 광활한 세상을 품고 있다는 사실을 발견한다. 반면 불편한 점, 단점, 어려운 점 등도 함께 보인다. 인간관계 역시 마찬가지인데 아이러니하게도 가까이 다가갈수록 상대의 단점이 더 잘 보인다. 신혼을 넘기고 사랑을 단어로만 생각하는 부부에게는 더욱 그렇다. 좁은 공간에서 오랜 시간 함께 생활하다 보면 처음에는 잘 지내다가 사소한 일로 감정조절이 잘 안되 심리와 행동이 격해지고 불안, 분노, 적대감이 커지면서 결국 극단적 상황까지 이르게 된다.

2009년 7월 21일 남극에 있는 세종과학기지에서 폭행사건이 발생했다. 조리사가 총무 담당자에게 무차별적 폭행을 당했던 것이다. 조리사는 기지 밖으로 도망간 후 영하 70도의 눈보라 속에서 죽을 수밖에 없는 상황에서 식품창고에 숨어 있었다. 이 사건으로 총무 담당자는 직위해제 되었고, 징역 1년 6월에 집행유예 3년의 판결을 받았다. 외부와 단절된 좁은 공간에서 많은 시간을 함께 보내면 사소한 일에도 신경이 예민해지고 다툼이 일어나기 쉬워진다. 처음에는 답답하고 마음이 무거워지며, 초조와 불안, 이유없는 짜증을 내다가 이내 폭력적으로 변하게 된다. 이를 심리학에서는 '고립 효과isolated effect'라고 한다. 장기간 남극에 파견된 연구원들과 고립되어 생활하는 사람들에게 발견된 이후 연구되었기 때문에 '남극형 증후군winter-over syndrome'이라고도 불린다.

남극형 증후군은 전방 경계초소나 핵잠수함, 우주정거장 등 인간의 한계를 시험하는 환경에서 장시간 버텨야 하는 상황에만 발생하는 것이 아니라 우리 일상에서도 쉽게 발생된다. 30명 수용해야 하는 강의실에 50명이 수업을 들을 때, 출퇴근 지하철에서 콩나물시루처럼 서서 장시간 이동할 때, 명절날 친척들이 많이 모이면 처음에는 반갑고 즐겁다가 어떤 한계를 벗어나면 북적거리는게 슬슬 신경이 쓰이고 날카로워지는 경우도 해당된다.

인간에겐 일상생활을 영위하는데 필요한 개인적 공간이 있다. 1명당 약 3.25평 정도의 공간으로 개인의 프라이버시를 지키고 인간의 존엄성을 보장받을 수 있는 권리 공간이다. 이번 코로나19로 발생된 가정폭력과 이혼율의 증가, 함께 있지만 행복하지 않은 이유는 이 권리적 공간이 침해당했기 때문이다. 공간은 행복과도 관계가 있다는 게 학자들의 주장이다. 감옥이나 수용소의 삶이 고통스러운 이유는 자신만의 공간이 없기 때문이다. 나치 치하에서 유대인 강제수용소에서 갇혔던 오스트리아 출신의 아동 심리학자 브루노 베텔하임Bruno Bettelheim은 수용소 생활의 가장 큰 고통은 배후 공간의 부족을 들었다. 모든 것이 적나라하게 드러나는 공간은 인간의 삶을 신경질적이고 퇴행적으로 만든다. '권력이 높아질수록 공간은 넓어진다.'고 했는데, 실제 우리의 삶은 그나마 있는 지푸라기 권력은 위태롭기만하고 공간은 협소하다. 공간이 없는 사람들에게 코로나19는 더욱 가혹한 질병이다.

행복은 돈 없이
오지 않는다

우리는 인생의 전반에 보유한 돈의 액수가 행복을 측정하는 절대적인 기준이 아니라는 사실을 선행 연구와 책을 통해 이미 알고 있다. 대니얼 카너먼Daniel Kahneman과 동료들이 2010년 미국에서 4만 명을 대상으로 한 조사결과에서도 소득이 어느 선을 넘으면 행복에 미치는 영향이 점점 줄어드는 모습을 확인했다. 그럼에도 돈은 매우 중요하다.

행복에 관한 자료를 바탕으로 종합적으로 기초해볼 때 행복과 국내총생산GDP 사이에는 명백한 상관관계가 존재한다. 그리고 그 관계는 우리가 추측하는 것보다 훨씬 강력하다. 돈이 없으면 의식주같이 생존과 관련된 것들이 위협을 받을 수 있기 때문에 돈은 불행을 막아주는 역할을 톡톡히 한다. 부유한 나라의 사람들은 보다 높은 행복 수준을 누리며 산다. 비록 돈이 행복을 보장해주지 않는다

해도, 국내총생산이 높은 나라에 산다면 괜찮은 생활을 영위할 가
능성이 더욱 높아진다.

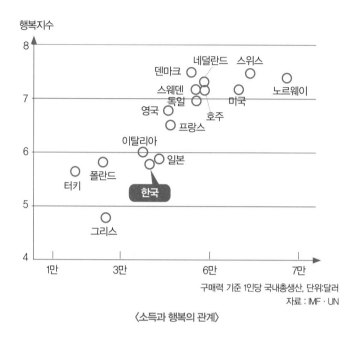

〈소득과 행복의 관계〉

코로나19와 같은 위기 상황에서 돈의 힘은 더욱 강력해진다. 부
자와 가난한 사람 중 누가 더 위험할까? 초반 확진자는 부유층에
집중됐다 하더라도 코로나19의 위험은 가난한 이들에게 더 크다.
부자들이 감염을 막기 위해 외출을 자제하고, 감염되면 돈을 들여
검사와 치료를 받는 등 적극적 치료가 가능하지만 하루 벌어 하루
먹고 사는 가난한 사람들은 만원 대중교통을 타고 일터에 나가면
서 자신의 감염 여부조차 알지 못하는 위험에 노출되어 있기 때문

이다. 코로나19 사태로 경기침체가 장기화되면서 생존 위기에 몰린 기업이 잇달아 유·무급 휴직과 희망퇴직 등 인력 감축에 나서는 상황에 놓이게 되자 집 안에서 가족과 함께 있는 시간이 늘어나도 결코 행복할 수가 없다.

무엇보다 한국은 물질주의가 굉장히 높은 사회다. 디너 연구팀의 조사에 따르면 물질주의 측도 10점 만점에 있어 미국이 5.5인 반면 한국은 7.2로 상당히 높은 점수를 기록했다. 미국 사회도 전반적으로 물질주의가 올라가고 있는 것에 대한 우려가 커지고 있는데, 한국에 비하면 우스울 정도다. 이러한 현상이 나타나는 이유는 우리의 생존과 안전을 지키는 가장 효과적인 방법 중 하나가 돈과 물질이라는 인식이다. 따라서 사람들은 안전에 위협을 느끼게 되면 자동적으로 평소보다 높은 수준의 물질주의를 보이게 된다. 결국 돈이 자신의 사회적 안전망인 셈이다.

코로나19로 인해 바이러스 재난 영화가 전 세계적으로 재조명되고 있다. 국내 영화 『감기』와 더불어 '에볼라' 바이러스를 다룬 영화 『아웃브레이크』, 감염 후 단 48시간 만에 미치게 만드는 치명적 바이러스를 다룬 영화 『크레이지』, 전염병의 확산에 따른 인간의 공포와 사회적 혼란을 사실적으로 그려낸 영화 『컨테이젼』, 치사율 100퍼센트의 바이러스를 다루는 영화 『캐리어스』에 이르기까지 안방극장에서 인기를 독차지하고 있다.

그런데 이런 영화를 보면 기분이 어떨까? 바이러스 극복에 대한 의지가 생길까? 안그래도 우울한데 더 우울하게 만들지 않을까? 미국 하버드대와 카네기멜론대학 공동연구팀은 우울한 기분이 쇼핑에 미치는 영향을 조사했다. 한 그룹의 사람들에게는 죽음에 대한 우울한 내용의 영화를 보여줬고, 또 다른 그룹에게는 평화로운 자연풍경을 담은 영화를 보여줬다. 연구결과 우울한 내용의 영화를 본 사람들은 평화로운 자연풍경을 담은 영화를 본 사람에 비해 약 4배 더 많은 돈을 지출했다. 인간은 기분이 울적해지고 침체되면 이를 해소하기 위해서 고가의 물건을 많이 구입하게 되는데 이는 자신의 가치를 높이고자 하는 보상심리가 작용하게 된 것이다. 그런데 코로나19가 가져다 준 경제적 어려움이 보상심리마저 막아버린 거다. 플렉스하고 싶어도 할 수 없는 거다. 결국 행복지수는 낮아지고 분노지수만 올라간다.

빈곤에는 세 종류가 있다. 하나는 절대적 빈곤이다. 절대적 빈곤이란 기본적인 인간의 욕구를 충족시킬 수단이 없는 상태로, 입을 옷과 먹을 음식이 부족한 경우다. 영양실조로 어린아이가 굶어 죽는 아픈 빈곤이다.

두 번째는 힘에 대한 상대적 빈곤이다. 우리 사회에 만연한 '갑질'이 여기에 해당된다. 빈자는 부자의 말을 들어야 하고 부자를 위해 노동력을 착취 당한다. 수직적 관계 속에서 무력감을 느끼고 저항하기가 어려운 상태에서 나타나는 슬픈 빈곤이다.

세 번째는 주관적 빈곤이다. 주관적 빈곤은 객관적 기준없이 주관적 판단에 의해 정의되는 빈곤이다. 다음의 두 상황을 살펴보자. 구매력이 동일하다고 가정할 때 당신은 어느 쪽을 선택하겠는가?

A : 주변 사람들이 연간 4천만 원을 버는 동안 당신은 8천만 원을 번다.

B : 주변 사람들이 연간 2억 원을 버는 동안, 당신은 연봉 1억 원을 번다.

전통 경제학의 논리나 산술적으로 봐도 연봉 8천만 원보다 1억원을 선택해야 마땅하다. 하지만 거의 절반에 이르는 사람들이 연봉 8천만 원을 선택했다. 즉 벌어들이는 돈의 절대적 액수보다 타인과의 비교를 통해 상대적 액수가 행복에 더 큰 영향을 미친다.

주관적 빈곤은 코로나19로 가세가 기울어지면서 나보다 출세한친구, 나보다 큰 집에서 살거나 큰 승용차를 모는 이웃을 보면서 자신 역시 누리지 못함에 마음으로 우는 빈곤이다. 사촌이 땅을 사면배가 아픈 심리다. 삶을 영위하는데 반드시 필요한건 아니지만 남보다 비교열위가 되는 스마트폰, 낡은 자동차, 좁은 평수의 아파트는 보여주고 싶지 않은 거다.

주관적 빈곤은 행복지수를 낮추는 주범이다. 행복은 개인의 가치관이 중요한 주관적 판단 요인이다. 절대적 빈곤층은 수중에 돈이없으니 제품, 서비스 등을 시거나 혜택을 입는 것에 대해 엄두조차내지 않는다. 하지만 주관적 빈곤층은 원하는 제품을 구매하거나서비스를 받을 수 있다. 하지만 늘 기회비용은 존재한다. 그러나 할수 없는 현실을 한탄하며 정신적, 심리적 스트레스가 더 가중된다.

넷플릭스의
한계

다음의 질문에 답해보자. 생각지도 않은 돈 300만 원이 생겼다면 다음 중 어디에 쓰고 싶은가?

A : 평소에 갖고 싶은 물건을 산다.

B : 평소에 하고 싶었던 경험을 하는 데 쓴다.

소비를 나누는 방법은 소유물을 사는 '물질적 소비'와 경험이나 추억을 사는 '경험적 소비'로 구분할 수 있다. 물론 분류된 소비가 명확하게 구분되는 것은 아니지만 소비자의 최종 목적이 무엇이냐에 따라 나뉘게 된다.

물질적 소비는 자동차, 집, 화장품, 노트북과 같은 뭔가를 소유하는 것 자체가 소비의 목적이자 이유다. 반면 경험적 소비는 물건을 사더라도 결국엔 그걸 통해 특정 경험과 추억을 하는 것이 목적인 소비다. 여행, 영화 관람, 오페라 관람, 스포츠 활동 등이 해당된다.

연구에 의하면 행복한 사람은 물질적 소비보다는 경험적 소비를 하는 사람이다. 물질적 소비를 하더라도 그 소유가 제공하는 경험을 얻으려고 하는 사람이다. 깊이 생각하지 않아도 물질이 주는 행복은 금방 줄어드는 반면, 친한 친구와 가족간 여행을 갔던 일이나 멋진 공연을 본 경험들은 기억 속에 강하게 남아 현재에도 우리에게 행복감을 불어 넣어주고 있다.

《굿 라이프》의 저자 최인철 교수는 여행이 가장 큰 행복을 준다고 강조했다. 그 이유는 인간이 중요하게 생각하는 기본욕구인 유능감, 자율성, 관계가 극대화되는 기회를 제공하기 때문이다.

그렇다면 코로나19 상황에서는 『행복 칼로리표』가 어떻게 바뀌었을까? 여전히 여행, 사교 활동, 산책, 데이트 같은 경험적 소비가

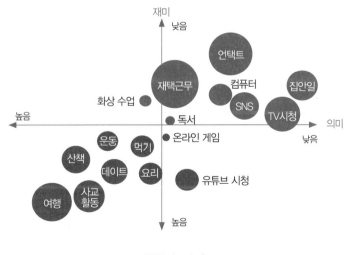

〈행복 칼로리표〉

행복을 추구하는 것으로 나타났다. 하지만 재미와 의미가 낮은 1사분면에 언택트와 재택근무가 가장 눈길을 끈다. 코로나19 이전에도 일은 재미와 의미가 낮은 영역에 포함되었는데 코로나19 이후에는 일의 장소가 재택근무로 전환되면서 그 영역이 더욱 부각되었다.

코로나19 이후 일상의 행복지수를 낮춘 가장 큰 요인은 '언택트'에 있었다. 언택트는 3분면에 행복을 주는 항목의 반대 활동이다. 비대면이 강제화되고 여행이나 사교 활동, 운동 등에 제약이 생기게 되면서 경험적 소비가 원천 차단되었다. 집에서 넷플릭스로 경험을 아무리 소비해도 여행처럼 자발적이고, 먹거리, 볼거리를 직접 기획하는 유능감을 충족시키거나 친구와 함께하는 관계재가 아니기 때문에 행복한 마음을 끌어올리는데는 한계가 있다. 여행과 같은 경험적 소비는 아무리 끈끈한 가족이 있더라도 집에서 경험할 수는 없지 않겠는가.

질병관련 전문가는 "코로나19 발생 이전의 세상은 이제 다시 오지 않는다."라고 강조한다. 코로나19로 우리는 깨달았다. 행복은 어디로든지 갈 수 있고, 어디서든 머무를 수 있는 발바닥에 있다는 것을.

09

샤덴프로이데
감정

"이 세상에는 현실의 햄릿, 맥베스,
리어 왕, 오셀로가 있다.
교과서에 나오는 것은 모두 냉철하고 합리적인 타입
이지만 이 세상에는 더 다양한 타입의 사람이 있다."

아마르티아 센Amartya Kumar Sen

나만 실패할 순
없지

신종 코로나19의 팬데믹으로 많은 사람들이 힘겨워하고 있다. 그런데 코로나19로 피해를 입은 사람들을 보면서 속으로는 기뻐하는 사람들이 있다. 예를 들면, 10억 원대 연봉을 받으며 잘나가는 친구가 코로나19로 인해 정리해고를 당하거나, 오프라인 교육으로 100억 원대 매출을 올리고 있는 이웃이 코로나19로 언택트 사회가 되면서 파산 직전까지 가는 것을 보며 안타까움보다 고소함을 느낀다는 것이다. 비단 경제적 우위에 있는 대상에게만 느끼는 감정만이 아니라 친구와 사귀던 사람과 헤어졌을 때, 나보다 못한 사회적 약자에도 비슷한 감정을 느낀다.

독일어에는 이런 감정을 표현하는 '샤덴프로이데 schadenfreude'라는 단어가 있다. 피해를 뜻하는 'schaden'과 기쁨을 뜻하는 'freude'가 합쳐진 이 단어는 타인의 불행에서 느끼는 즐거움을 일컫는다.

이 말에 상응하는 한국어는 남의 불행이나 곤경을 보고 즐거워하는 '고소하다.', '쌤통이다.'라는 형용사다. 이 형용사는 경상도에서 '꼬시다.'로, 전라도에서 '꼬숩다.'는 표현으로 통한다.

샤덴프로이데의 심리는 코로나19와 같은 위기 상황에서 더욱 두드러지게 나타난다. 아래 그래프는 구글 트렌드에서 전 세계를 대상으로 'schadenfreude'를 검색했을 때의 결과다. 그래프의 전체 흐름은 점점 증가하는 형태를 보이고 있으며, 평균 40선을 보이다가 코로나19가 전 세계적으로 확장되면서 2020년 3월에는 최대 64까지 급상승하는 것을 볼 수 있다. 한때 한국은 2008년 금융위기 이후 최대 70선 아래까지 올라왔으며, 서울과 수도권에 샤덴프로이데의 심리가 집중되었다.

출처 : Google Trends

그렇다면 주로 어떤 사람들이 샤덴프로이데의 심리를 가질까? 네덜란드 라이덴대학 연구진은 여자 대학생 40명과 남학생 30명을 대상으로 자신감을 평가한 뒤 누구나 부러워할 자리에 취직할 가능성이 높은 이른바 '잘 나가는' 대학생의 면접 기록 2건을 읽도록

했다. 이어 이 학생의 지도교수가 학생의 연구에서 큰 결함을 발견했다고 밝히는 다른 면접 내용이 소개된다. 그 후 피실험자들에게는 자신의 '샤덴프로이데'가 어느 정도인지를 나타내는 다섯 개의 표현 중 동의하는 것에 표시하라는 주문이 주어진다. 예를 들면 "그에게 일어난 일을 즐겼다.", "속으로 웃음이 나는 것을 참을 수 없었다." 등이다. 실험결과 자신감이 낮은 학생일수록 잘 나가는 학생에 더 큰 위협과 샤덴프로이데를 느끼는 것으로 나타났다. 또한 자신감의 정도를 불문하고 위협을 많이 느끼는 학생일수록 샤덴프로이데를 더 느끼는 것으로 밝혀졌다.

연구진은 이어 피실험자의 절반에게 그들의 의견을 매우 중요하게 받아들인다는 인상을 주어 자신감을 북돋워 준 뒤 같은 면접 기록을 다시 읽도록 했다. 이때 자신감이 낮은 학생들은 여전히 샤덴프로이데를 더 많이 느꼈고 여전히 성취도 높은 학생에게 위협도 더 많이 느끼는 것으로 나타났다. 그러나 자신감이 높아진 학생들은 질투 대상 학생의 실패에서 전보다는 샤덴프로이데를 덜 느끼는 것으로 밝혀졌다.[15)]

이번 연구를 통해 자신감이 낮은 사람들은 어떻게든 기분이 나아지려고 에쓰머 이때 남의 불행을 보고 위안을 얻기도 한다. 2020년 5월 18일 다음의 기사가 실렸다. 어떤 사람이 샤덴프로이데를 느낄까?

'코로나19' 여파까지 겹쳐 명품, 보석류 등을 취급하던 미국의 중저가 백화점 JC페니가 파산 절차를 밟게 됐다. 특히 JC페니는 가성비를 강점으로 미국인들로부터 118년 동안 사랑을 받아온 백화점 체인이다. JC페니는 지난달 말부터 만기가 돌아온 채권 등 2,900만 달러(한화 360억 원 가량)를 갚지 못해 미국 시각으로 5월 15일 파산보호 신청을 했다. JC페니는 매장수만 850여 개, 종업원은 9만 5,000명이다. 뿐만 아니라 5월 7일엔 113년 역사를 지닌 대형백화점 니만 마커스Neiman Marcus도 파산했다. '코로나19' 사태로 43개 매장 영업을 잠정 중단하고 직원 1만 4,000명도 대부분 일시 해고했다.[16]

이 기사를 보면 위기에 처한 소상공인뿐만 아니라 코로나19와 관련이 없는 일반기업, 대기업 관련자까지 샤덴프로이데를 느낀다. '118년 넘은 장수기업도 무너지는데'라며 자신의 어려움을 합리화하고 마음의 위안을 얻는다. 평소보다 위기가 닥칠수록 우리 대부분은 자신을 더 좋게 생각하고 싶어하며, 긍정적인 심리를 유지할 수 있는 방법을 찾으려 한다. 그 중 가장 쉬운 방법은 능력이자 자질에 있어 자신이 남들보다 우위에 있다는 사실을 발견하는 것이다. 자존감이 흔들릴 때 자기보다 열등한 사람과 자신을 비교하면 기분이 좋아진다. 위에서 설명드린 대학생 면접 실험에서도 남의 우월함은 자신의 자존감을 떨어뜨리지만, 상대의 열등함은 경쟁 상황에서 자신에게 큰 힘이 된다.

이러한 특성에 의해 샤덴프로이데의 심리를 느끼는 사람은 문제의 원인을 개인주의적 관점보다는 구조적 관점으로 해석한다. 구조적 관점의 옹호론자는 자신의 믿음에 대한 모순되는 감정을 갖고 있고, 자신의 입장에 대한 확고함이 부족하다. 그러다보니 성공하지 못한 이유를 사회제도 탓, 코로나19 탓, 정부 탓으로 돌리게 되고 자신의 실패를 옹호하는 데 힘쓴다.

개인주의적 관점	구조적 관점
지금의 어려움은 자신의 결함 때문에 빚어진 개인적인 문제이다.	지금의 어려움은 사회의 결함 때문에 빚어진 사회 문제이다.
빈곤은 게으르고, 비숙련된, 저학력 노동자 때문에 일어나는 현상이다.	빈곤은 형편없는, 저임금의, 가망 없는 일자리 때문에 일어나는 현상이다.
사람들이 경제적 성패를 설명하는데 있어서 환경적 제약보다는 개인적 선택이 더 중요하다.	사람들이 경제적 성패를 설명하는 데 있어서 개인적 선택보다는 환경적 제약이 더 중요하다.
사회에서 귀중한 자원의 배분은 개인적 노력과 능력 차이가 반영된 결과다.	사회에서 귀중한 자원의 배분은 사회적 갈등과 권력 차이가 반영된 결과다.

선한 사람들의
악마적 본성

제 3자 입장에서 보면 샤덴프로이데의 심리를 느끼면 안 된다는 것을 알고 있지만 당사자 입장이 되면 쉽지 않다. 꼭 내기는 아니더라도 진지하게 바둑이나 체스를 둘 때 힘겹게 상대를 이겼다면 이때 기분이 어떨까? 상대의 기분이 어떨지 생각할 필요도 없이 "체크메이트", "와우!"라고 말하며 상대에게 우쭐되지 않았는가. 감탄사를 외치며 내 기분이 날아갈 듯 좋았던 이유는 바둑과 체스가 제로섬 게임의 성격을 띄고 있기 때문이다. 내 기쁨은 나의 승리뿐만 아니라 상대의 패배에서 비롯된 것이었다. 이런 성격 때문에 승자는 만족감을 얻고 샤덴프로이데에 취한다.

운동경기 역시 제로섬 게임이며 그 결과는 인간의 감정을 좌지우지한다. 2018년 러시아 월드컵에서 한국 팀이 16강 진출은 못했지만 세계 랭킹 1위인 독일을 2대 0으로 꺾으면서 전 세계 축구팬들에게 인상적인 모습을 남겼다. 충격적인 반응은 한국뿐만 아니라 영국과 네덜란드에서도 반응이 뜨거웠는데, 영국은 경기 직후 일제히 독일의 패배를 고소해하는 기사를 대서특필했고, 심지어 조 4위를 한 독일팀 성적표에 가위 표시를 한 절단선을 그려놓고 "오려두었다가 우울할 때면 꺼내서 즐기세요."라는 조롱까지 등장했다. 만약 독일이 16강에 올라가면 4강이나 준결승전에 대결할 가능성이 있기 때문이라는 논리적 계산에 기인한 것 같지는 않다. 네덜란드는 독일의 패배가 확정되자 "한국 사랑해", "한국 최고"라는 메시지가 쇄도했다. 당시 독일팀 패배에 대한 네덜란드 사람들의 샤덴프로이데의 강도는 평균 3점에서 5점(최대 7점 기준이며 숫자가 높을수록 더 큰 쾌락을 나타낸다)까지 올라갔다. 네덜란드는 이미 지역예선에서 탈락해 월드컵 출전도 하지 못해 독일팀의 패배는 네덜란드와 아무런 관련이 없음에도 불구하고 독일의 패배로부터 느끼는 쾌락을 즐기는 듯하다. 물론 네덜란드가 1974년 독일에서 개최된 월드컵 결승에서 독일에게 2대 1로 역전패한 트라우마가 있고, 또 그 이전에는 2차 세계대전 당시 독일로부터 폭격과 점령을 당하고, 4백만 명의 네덜란드인이 희생되었던 역사의 근원은 무시할 수 없다. 한국이 일본을 바라보는 시선처럼.

개인과 달리 정치와 같은 집단에 대해 느끼는 동질감은 샤덴프로이데 심리에 더욱 강력한 영향을 미친다. 인간은 언제나 집단을 이루며 살았고 강력한 집단의 일원이 되어야 생존에 유리해진다. 이번 2020년 4월 대한민국 국회의원 선거에서도 여실히 드러났다. 지역구 후보는 당의 공천을 받기 위해 몸부림치고 무한 사랑과 동질감을 드러낸다. 공천에 탈락한 후보는 원내집단과 무소속 집단으로 구분되어 고통을 느낄 때 공천에 성공한 후보의 쌤통 심리를 낳는다.

1776년 성립되어 전 세계에서 현존하는 가장 오래된 연방 국가인 미국도 예외는 아니다. 2008년 민주당에서는 당시 상원의원이었던 오바마가, 공화당에서는 존 매케인 상원의원이 각각 대선후보로 등록된 상태였다. 이번 실험에는 2007년 후보가 저당물 압류를 증가시켜 많은 자택 소유자들에게 큰 타격을 입힌 법안을 강력하게 추진했었다는 내용을 담고 있는데, 이 기사는 법안의 폭넓은 부정적 영향을 강조했다.[17] 요약하자면 민주당과 공화당이 비난받을 수 있는 부정적 사건에 대한 기사를 각 당 지지자들이 어떻게 느끼는지를 보고자 했다.

오른쪽 표에서도 보여주듯, 오바마가 그 불행의 원인이었을 때는 민주당 지지자들보다 공화당 지지자들이 더 만족감을 느꼈다. 그 법안을 추진한 사람이 매케인이었을 때에는 반대의 결과가 나왔다. 정당에 대한 동질감이 강할수록 자기 당의 성공에 초점을 맞추게 된다.

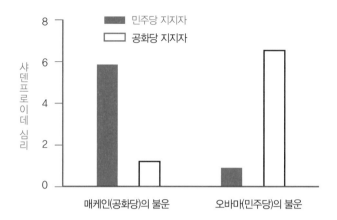

〈관찰자의 지지 정당과 불운을 당한 정치인의 정당이 샤덴프로이데 심리에 미치는 영향〉

넌 누구랑
비교해?

     사람들은 서로 다른 대상들을 평가하고 비교하는 데 익숙해졌다. 장점과 아름다움이라는 개념을 점차 습득하면서 무언가를 더 선호하는 감정이 생겨났다. 저마다 남들을 보기 시작했고, 자신의 모습을 남에게 보여주고 싶은 마음이 생기기 시작했다. 다른 사람들에게 존중받는 것이 중요한 문제가 되었다. 노래나 춤 실력이 가장 좋은 사람, 가장 잘 생기고, 가장 힘이 세고, 가장 능란하고, 가장 말솜씨가 좋은 사람이 가장 존중받게 되었다.[18]

   우리의 삶은 사회적 비교가 일상화되었고 성공과 실패 여부뿐만 아니라 실패의 원인까지 설명해준다. 만약 내가 실패를 하면 '내 능력이 부족하다.'라고 단정짓고, 반면 내가 성공한다면 '내 능력이 뛰어나다.'라고 추측한다. 여기서 판단의 기준은 '자체의 나'가 아니라 '상대적인 나'다. 내가 아무리 공부를 잘하고 운동실력이 뛰어나도 다른 사람과 비교를 해봐야 한다. 상대와 비교했을 때 점수가 높고 달리기 속도가 빠르다면, 그제야 '공부를 잘하네', '운동 좀 하네'라고 말할 수 있다. 이것을 '상대주의적 법칙'이라고 한다. 생존하기 위해서 끝도 없이 뭔가를 성취할 필요는 없다. 경쟁자보다 명백하게 우위에 섰다면 노력을 멈추어도 된다. 독일 관념철학의 기반을 확립한 프로이센의 철학자 이마누엘 칸트Immanuel Kant도 "사회적 비교는 남의 불행이 배경처럼 밑에 깔려서 우리의 행복을 더욱 빛내줄 때 더 행복해지는 것은 아주 자연스러운 일이다."라고 강조했다.

돌발퀴즈를 맞춰보자. 코로나19와 같은 위기상황에서 실업자의 행복도는 어떨까? "코로나19에 따른 고용위기 탓에 2020년 4월에 일자리를 잃어 실업급여를 새로 신청한 인원은 2019년보다 3만 2,000명(33.0%) 늘어난 12만 9,000명이며, 4월 증가 인원으로는 통계를 작성한 1998년 당시 역대 최고치를 기록한 이래 두 번째로 많다."라는 기사를 실업자가 보게 되면 오히려 행복도가 높아진다. 높은 실업률이라는 사회적 비교를 통해 오히려 통쾌하게 느끼기 때문이다.

사회적 비교가 우리의 삶에 차지하는 부분은 가히 엄청나다. 하지만 문명이 발달하기 진 초기 인류의 삶은 비교적 혼자 지내는 시간이 많아 자아의식과 같은 감정이 매우 중요한 의미를 지녔을 것이다. 누가 많은 돈을 가지고, 누가 좋은 자동차를 몰며, 누가 더 공부를 잘하는지 자연상태에서는 별로 중요하지 않기 때문이다. 적당한 양의 음식과 잘 곳을 확보할 만큼 영리하다면 그 보다 더 큰 재능은 필요 없을 것이고, 더 갖고 싶은 욕망도 생기지 않을 것이다.

그렇다고 현대의 삶을 접고 문명 이전으로 돌아갈 수는 없는 일. 샤덴프로이데 심리를 극복할 수 있는 방법은 없을까? 샤덴프로이데를 구글 트렌드에 검색해보면 연관 검색어 1위가 '카르페 디엠carpe diem'이다. 여기서 방법을 찾을 수 있다. 아니 우리는 이미 방법을 알고 있었다. 카르페 디엠은 '지금 살고 있는 이 순간에 충실하라'는 뜻의 라틴어다. 우리말로는 '현재를 즐겨라!'라는 뜻이다. 남과 비교하지 말고, 열등감 느끼지 말고 현재를 즐기며 사는 거다. 인간의 각 개체는 온갖 다양한 연속체 중에서 유일무이하다. 인간은 이미 존재만으로도 특별하다는 거다.

8살인 나의 막내아들이 거울 앞에서 자기 모습을 한참이나 들여다보고 있었다. 무척이나 황홀해 하면서 말이다. 그런 모습을 본 나는 아들에게 살며시 다가가 물었다. "아들 지금 뭐하는 거예요?"

그러자 아들이 대답했다. "그냥 이게 나라는 사실을 믿을 수가 없어요."

10

IMF 기부천사와
코로나 기부천사

"더 위대한 사람이란 자기 자신의 판단을
최대한 믿을 수 있는 사람이다.
더 바보 같은 사람도 마찬가지지만."

폴 발레리|Paul Valery

직감과
반사

2020년 4월 29일 말 많고 탈 많았던 코로나19 긴급재난 지원금 지급 대상을 소득하위 70퍼센트에서 전 국민을 대상으로 4인 가구 기준 100만 원을 지급하기로 확정했다. 다만 자발적으로 이 지원금을 받지 않겠다고 나설 신청자에 한해 지급하지 않고 기부금으로 기록해 연말 세액공제 혜택을 주는 식으로 보전하는 대안도 함께 제시되었다. 100만 원을 지급받을 가구의 경우 15만 원 가량의 세액공제를 받는 식이다. 이 계획은 '소득 하위 70% 지급'에서 전 국민으로 확대해 발생할 재정 부담을 고소득자의 자발적 기부를 통해 줄이겠다는 의도였다. 집권 여당은 1조 원 가량을 기부금으로 충당할 수 있을 것으로 예상하고 있지만, 이는 100만 가구가 재난지원금 수령을 거부해야 하는 규모다.

여기서 중요한 포인트는 '자발적 기부'다. 강제하지 않겠다는 거다. 하지만 긴급재난지원금 신청 첫날이었던 5월 11일 각 카드사에는 실수로 기부를 했다는 민원이 쏟아졌다. 카드사 홈페이지와 애플리케이션에서 재난지원금을 신청할 때 개인정보 제공 등에 동의하다가 '기부하기' 항목까지 동의하는 사례가 빈번했다. 기부금 입력란 옆에 '전액기부' 버튼이 있는데 이를 '전액 송금받기' 등으로 착각해서 누르는 경우도 많았다. 기부금액 입력이 끝나야 지원금 신청 절차가 마무리되는데 '기부하지 않기' 버튼 대신 '동의하지 않는다.'는 항목만 있었다. 카드사가 재난지원금 신청 절차 중간에 기부금 항목을 넣은 것은 정부의 가이드라인 영향이 있었다. 정부는 카드사에 재난지원금 신청 페이지를 구성할 때 기부 신청 절차를 이런 식으로 만들라는 내용을 전달한 것이다. 카드사들은 신청자들의 혼선을 우려해 기부 항목을 별도 페이지에 두자고 건의했으나 정부는 이를 받아들이지 않았다. 이후 대통령이 '1호 기부'에 나섰고 여권 인사들도 자발적 반납 의사를 밝혔다. 언론은 그들의 기부 행위를 기사화해 퍼 나르기 시작했다.

정부가 재난지원금 신청에 '전액기부' 버튼을 긴급하게 만들어 놓은 이유는 세계적 과학 학술지 『네이처Nature』에 게재된 하버드대 란드Rand 교수팀의 논문이 명쾌한 해답을 제시해준다. 연구팀은 지원자를 모집해 일정 금액의 돈을 준 다음, 그 돈 중 얼마를 기부에 사용하는지 관찰했다. 그러자 결정이 빠른 사람일수록 기부 확률이 높다는 사실이 드러났다. 반대로 서둘러 결정하지 않고 심사숙고하는 유형의 사람은 자신의 이익을 우선시하는 경향이 뚜렷했으며 기부 확률도 낮았다. 연구팀은 이 두 그룹을 '직감'과 '반사'로 구분했다. 직감은 반사보다 반응속도가 빠르고 순간적 판단을 하며, 자기중심적인 행동보다 이타적 행동을 할 가능성이 높다. 반면 반사는 생각하는 시간만큼 문화적 요인과 환경적 요인이 반영될 여지가 높다.

이 글을 본 현재 여당 지지자는 오해할 수 있을 텐데, 기부를 하지 말자는 것이 아니다. 당초 자발적 기부의 취지와 부합한지, 그 취지에 맞게 국민들이 자발적 기부를 하고 있는지 돌아보자는 거다. 잘못되었으면 새로운 방법을 찾고 실수를 반복하지 말아야 한다.

긴급재난지원금의 목적은 코로나19로 인해 자영업자를 비롯한 저소득자의 생활고를 완화하고, 위축된 소비심리를 진작해 경제 활성화를 도모하기 위함이다. 여기에 더해 고소득자의 자발적 기부를 통해 예산절감까지 하자는 것이다. 일타쌍피一打雙皮를 넘어 일타삼피One shot, Three kills다. 1969년에 노벨경제학상을 받은 네덜란드 경제학자인 얀 틴베르헌Jan Tinbergen은 정책수단이 정책목표보다 많거나 같을 경우에만 정책목표를 달성할 수 있다고 했다. 세 마리 토끼를 한꺼번에 다 잡으려면 모두 놓치게 된다는 것이다. 막대한 세금으로 뒷받침되는 긴급재난지원금이 성과를 거두려면 잠재적 기부자들의 심리를 제대로 파악한 후 적합한 수단과 방법을 적용해야 한다.

IMF와
코로나

23년 전 한국은 세계 11위의 수출입 규모와 경제협력기구OECD 가입국이었으며, 국민소득 1만 달러 시대를 눈앞에 둔 아시아의 용이었다. 선진국 대열에 들어선다는 기대에 부풀어 올랐을 그 때 국제통화기금IMF에 자금 지원을 요청해야 했다. 느닷없이 불어 닥친 주식회사 대한민국의 부도로 기업들은 살벌한 정리해고와 명예퇴직으로 거리로 내몰리게 되었고 한국의 위상은 바닥으로 추락했다. 그러나 그때 절망 속에서 나온 한마디, "금을 모으자!" 남녀노소 가릴 것 없이 어린 아이의 돌반지, 대대로 내려온 가보, 장롱속에 잠자던 금 두꺼비, 금 송아지, 금 거북이 등 제각각 사연을 품은 금붙이들이 나라를 살리기 위해 모였다. 두 달 만에 참여한 국민 수는 350만 명, 약 227톤의 금이 모였다. 이렇게 모은 금으로 약 21억 달러의 외화부채를 갚았다.

어떻게 이게 가능했을까? 지금보다 공동체 의식이 강해서 그럴까? 금 모으기 운동의 시초는 새마을부녀회에서 시작되었다. 이후 이 운동은 KBS를 비롯한 지상파 방송사들이 캠페인을 시작하면서 체계를 갖추기 시작했다. '일단 나라부터 살리고 보자'는 자발적 의지가 민간에서 시행되었기 때문에 전 국민적 운동으로 힘을 입게 되었다. 1907년부터 1908년 사이에 국채를 국민들의 모금으로 갚기 위하여 전개된 국채보상운동도 평민들의 자발적 의지에 의해서 이루어진 결과물이다.

이탈리아의 피렌체에는 오르 산 미켈레Orsanmichele 성당이 있다. 1337년에 곡물시장으로 처음 건설되었다가 1380년과 1404년 사이 피렌체의 강력한 상공업 길드들의 성당으로 개조되었다. 그런데 성당 내부에 안치된 성모자상이 병자를 치유하는 기적을 일으키자 성당이 종교의 성지로 급부상한다. 성모상을 추종하는 종교단체는 평소에 기부금을 받았는데, 흑사병이 창궐 이후 이 단체의 수입은 피렌체 정부의 연간 예산을 상회하는 35만 피오리노에 이른다. 현재가치로 3,500억 원으로 평소 받는 기부금의 30배에 해당되는 금액이다. 놀라운 사실은 기부된 금액을 보면 단위가 가장 낮은 10원, 50원 정도에 해당되는 동전이 대부분이었다. 코로나19보다 더욱 열악한 상황에서 많은 기부액을 모금한 것은 흑사병으로 인한 자신들의 삶의 구원을 바랬지만 무엇보다 평민들의 자율적 의지가 강했기 때문에 가능했다.

인간은 누구나 스스로 판단하고 행동하는 것을 선호한다. 그런데 스스로 판단한 적극적 의도가 있는데 불구하고 갑자기 누군가 지시를 해버리면 그 의도는 부정적 감정으로 바뀌어 버린다. 어느 날 경찰이 다가와 당신 손목에 수갑을 채우면 당신 손은 마음대로 쓸수가 없다. 이때 당신이 손을 사용할 일이 없다 해도 수갑은 당신의 자율성을 침범한 것이다. 이번 긴급재난지원금의 기부 방식도 마찬가지다. 집권당 정책위의장은 "긴급재난지원금을 전 국민 대상으로 확대하는 방안을 추진하며, 사회 지도층과 고소득자 등의 자발적 기부를 통해 재정 부담을 경감하겠다."고 말했다.

당신이 억만장자라면 이 말을 듣고 기분이 어떨까? 기부하려고 마음 먹고 있었는데 이런 말을 들으면 기부하기 싫어진다. 자율성이 사라져버렸기 때문이다. 결국 자율성이 침해당하면 부정적 생각이 확대되어 비생산적인 결론을 낳게 되고 결국 상대에 대한 적대적 반감이 생긴다.

사람들은 자신이 직접 기부에 참여하는 것은 긍정적으로 생각하지만 다른 사람에게 기부를 권하는 것에 대해서는 부정적인 인식을 가지고 있다. 남에게 돈과 관련된 이야기를 하는 것을 꺼리는 정서 때문이다. 그런데 다른 사람들에게 기부 이야기를 꺼내는 것을 꺼려하지 않고 오히려 그것을 당당하게 여기는 사람이 있다. 그는 2008년 5월, 80세의 나이로 타계한 미국의 클라우드 로젠버그Claude Rosenberg다. 그는 모금가들 사이에서 매우 유명하고 존경받는 인물이다. 그는 평소에 자신의 재산을 공익을 위해 기부하며 모범을 보였을 뿐만 아니라 부자들이 어떻게 돈을 써야 하는지를 교육했던 사람이다. 투자의 귀재인 워렌 버핏Warren Buffett도 로젠버그의 제안을 받고 그의 전 재산 중 85퍼센트에 해당하는 310억 달러를 자신의 이름으로 된 재단이 아닌 빌 게이츠 재단에 기부하기도 했다. 로젠버그는 스스로가 먼저 실천하고 모범이 되어 많은 이를 변화시켰다. 그의 적극적이고 솔선수범하는 모습은 좋은 본보기가 되어 '로젠버그 법칙Rosenberg's Rule'을 탄생시켰다.[19]

자금을 집행하는 이해관계자는 기부를 독려해서는 안된다. 즉 정부와 기부 독려자는 전혀 관계가 없는 사람이어야 한다. IMF 때는 새마을부녀회가, 국채보상운동에서는 가난한 평민이, 평소 공익을 위해 모범을 보인 클라우드 로젠버그 같은 사람 말이다. 엄밀한 의미에서 말하면 기부는 전혀 관계없는 사이에서 이루어질 때 이타주의적 기부라고 할 수 있다. 그런데 이번 긴급재난지원금은 정부가 준 돈을 정부가 기부를 독려하고, 다시 정부에게 기부한다. 이건 '기부'가 아니라 '환불'이다.

기부천사
국회의원

　　기부하며 약자를 돕는다는 것은 참으로 아름다운 일이다. 그래서 사람들은 '기부천사'라고 극찬한다. 그런데 긴급재난지원금의 전액을 기부한 정치인이나 고위 공무원을 '기부천사'라고 하는가?

　　기부천사는 순수한 의도를 가지고 있다. 순수한 의도란 사사로운 욕심이나 못된 생각이 없는 상태를 말한다. 전통적인 미국에서의 기부 정의는 기업체에서 내는 기부금은 기부로 취급하지 않는다. 그 이유는 기업체는 영리를 추구하기 때문에 그들이 기부를 통해서 홍보 효과, 사회적 평판 등 더 많은 것을 얻고 있기 때문이다.

　　기부는 수혜자의 이득이 반드시 기부자의 희생보다 커야 한다. 예를 들면 기부자가 100만 원을 기부했을 때 수혜자가 받는 100만 원 만큼의 금전적 가치보다 기부자의 유무형의 가치를 높였다면 이

것은 이타주의에 의한 기부가 아니다.

그렇다면 기부천사가 행하는 순수한 의도란 뭘까? 프랑스의 철학자 장 폴 사르트르 Jean Paul Sartre는 기부하는 사람이 자신의 신분을 드러내지 않고 익명으로 기부하는 것이 가장 순수한 기부라고 주장했다. 18년간 익명으로 기부를 한 전주시 노송동 얼굴 없는 기부자, 경남 합천의 우체국 기부자를 우리는 천사라고 칭한다. 그 이유는 익명의 기부가 기부 행위에 배어있는 독성毒性을 최소화할 수 있기 때문이다. 기부 행위에 배어있는 독성이란 기부 행위의 주체자인 기부자가 수혜자에 대해 느끼는 우월감과, 반대로 수혜자가 기부자에게 느끼는 답례의 의무라고 본다.

그런데 우리는 정치인의 기부를 어떤 시각으로 바라보고 있는가? 자신의 신분은 당연히 드러내야 하고 각 신문사, 방송사, SNS, 팜플렛 등에 올려 공격적으로 홍보한다. 우월감에 비롯된 기부이고 이후 표로 돌아오기를 간절히 바라는 기부다. 이러한 기부를 '나쁜 기부'라고 한다. '나쁜 기부'를 하는 사람이 국민에게 '착한 기부'를 하라고 하니 먹힐 리가 없다. 그래도 여전히 인터넷 언론에서는 국회의원의 나쁜 기부가 행렬을 이루고 있다.

고소득자
기부 활용법

       정부의 긴급재난지원금 지급 대상을 소득하위 70퍼센트만 지급할 것인가, 전 국민을 대상으로 할 것인가에 대해 지급 범위를 놓고 당·정이 이견을 표출하며 갈등하고 있을 때 정작 마음의 상처를 입은 사람들은 소득 기준 상위 30퍼센트에 해당되는 국민들이었다. '준다, 안준다.'부터 시작해서 기껏 '줄 테니 기부해라'라고 하니 정부에 대한 분노가 적지 않았을 것이다. 특히 고소득자의 자발적 기부율이 30퍼센트에 못 미칠 경우, 고소득자에 대한 혐오 정서가 퍼지면서 빈부 갈등까지 조장할 가능성이 크다.

       그렇다면 고소득자의 자발적 기부 참여를 어떻게 높일 수 있을까? 다음의 질문에 답해보자. 태평양에 있는 고래를 보호하자는 주장을 하는 단체와 아프리카에서 굶어 죽어가는 아이들에게 구호물자를 지원하는 단체가 있다고 한다면 당신은 어느 단체를 지원하겠는가?

대부분의 사람들은 아프리카의 아이들에게 기꺼이 기부하겠지만 기부를 통해 자신의 사회적 지위를 과시하려는 사람 또는 고소득자들의 생각은 조금 다르다. 그들은 자신이 태평양에 있는 고래까지도 마음 쓰고 있다는 것을 보여주기 위해 아프리카의 아이들이 아닌 고래의 멸종을 막기 위해 기꺼이 기부한다.

좀 현실적인 질문을 드리겠다. 80주년 초등학교 동창회 기금을 조성하려고 할 때 많은 기부를 유도하려면 A와 B중 어느 쪽을 선택해야 할까?

A : 1인당 10만 원 이상 기부해주세요.
B : 개교 80주년을 맞이했습니다. 기부해주세요.

A를 선택해서 동창회 기금을 조성한 그룹은 대부분의 사람들이 10만 원을 기부했다. 반면 B를 선택한 그룹은 A그룹보다 28배 높은 기금을 모금했다. 어떤 사람은 8만 원을 내기도 했지만 또 어떤 사람은 80만 원, 800만 원을 낸 사람도 있었다.

어떤 의미인지 이해되었는가? 만약 내가 정부의 긴급재난지원금 지급 대상을 선택해야 한다면 '소득하위 70퍼센트 또는 전 국민 대상' 이런 구분과 갈등없이 바로 전 국민을 대상으로 확정하겠다. 그리고 '나쁜 기부'를 하는 국회의원 입에서 기부라는 말이 절대 나오지 않게 한다. 마지막으로 클라우드 로젠버그와 같은 사회

모범적인 사람에게 기부 문화를 정착해 달라고 부탁한다. IMF 당시 금 모으기 운동을 할 때 장영애 전 경남도부녀회장은 "지역마다 금붙이가 있는 시장·군수, 국회의원 부인을 골라 찾아다녔다."며 "군수 사모님이 믿고 냈다고 하면 다른 사람들이 덩달아 동참하는 효과가 있었다."고 말했다. 굳이 긴급재난지원 '100만 원'을 기부금으로 한정 지을 필요가 없다는 거다. 기부 문화는 결코 차별에 의해서 이루어질 수 없다.

여러 문제와 관제 기부 논란을 빚었던 긴급재난지원금의 기부결과는 어떻게 되었을까? 2020년 6월 4일 카드업계에 따르면 신용·체크카드를 통한 긴급재난지원금 지급액 중 기부를 신청한 비중은 전체의 0.5퍼센트에도 못 미치는 것으로 조사됐다. 긴급재난지원금 실제 지급액 13조 5,428억원 중 기부금이 0.5퍼센트라면 금액은 약 677억 원이다. 당초 정부·여당 일각이 기대하던 기부 목표액은 1~2조 원이었다. 정부는 기부 실적이 저조하자 신용카드사에 기부금 실적을 비밀에 부치라는 함구령을 내렸다.

11

너무
억울하다고!

"합리적으로 행동할 경우,
인간은 최선의 선택 또는 서로 용납할 수 없는
사정 속에서 최선의 타협안을 찾으려고 한다.
그러나 때에 따라 인간은 그 선택이나 고려해야 할
사정을 결정할 때 착각하는 경우도 있다."

티보르 시토프스키|Tibor Scitovsky

코로나가 곧
상륙합니다

'코로나가 곧 상륙합니다.' 이 문구는 코로나 바이러스를 말하는 것이 아니다. 2020년 2월 코로나 맥주를 판매하는 컨스털레이션사가 코로나 맥주의 자매품으로 탄산수를 북미시장에 새로 출시하면서 제작한 광고 문구다. 결과는 어떻게 되었을까? 1925년에 만들어진 유서 깊은 멕시코의 코로나 맥주는 바이러스의 악명 때문에 이미지에 큰 타격을 입어야 했다. 아이러니하게도 문제는 이 광고를 내놓은 직후, 미국에 코로나19 역시 본격 상륙했다는 거다. 코로니 맥주에게 있어서 코로나 바이러스는 최악의 타이밍이었다. 이후 코로나 맥주는 가격을 할인하고, 코로나 맥주병에 마스크를 씌운 홍보 포스터까지 제작해 내걸었으나 매출의 타격을 피할 순 없었다.

사실 '코로나'라는 이름엔 죄가 없다. '코로나corona'는 라틴어로 '

왕관'을 의미하는데, 바이러스를 확대하면 둥근 공 모양에 돌기가 돋아있는 모습이 왕관과 비슷하다고 해서 '신종 코로나'라는 이름이 붙었다. 코로나 맥주 역시 '왕관'이라는 의미의 브랜드로, 실제로 맥주 라벨에 금빛 왕관이 인쇄되어 있다.

이미지의 반역, 르네 마그리트, 1929년, 캔버스에 유채, 로스앤젤레스 카운티 미술관

벨기에의 초현실주의 화가 르네 마그리트René Magritte의 작품으로 파이프가 그려져 있는 그림에 '이것은 파이프가 아니다Ceci n'est pas une pipe'라는 문구가 새겨져 있다. 캔버스에 그려진 것은 명확한 파이프다. 그런데 파이프가 아니라고? 캔버스 앞에 선 관람객은 작가가 왜 그런 문장을 작품에 넣었는지 고민하기 시작한다.

'정말 파이프가 아닌가?', '그렇다면 파이프가 아니고 도대체 뭐란 말인가?', '작가가 관람객에게 거짓말을 하는가?' 마그리트는 이처럼 친숙한 이미지 앞에 선 관람객의 당황스러움을 야기한다. 인간은 제목을 적은 글자도 그림, 즉 이미지의 하나로 인식한다. 파이프 그림을 보고 파이프를 떠 올리기도 하고, 글자를 보고도 곧바로 파이프를 떠올린다. 파이프 그림을 통해 보여준 마그리트의 문제의식을 적용하면 언어도 인간의 사고를 속인다는 말이 된다. 이처럼 사람들이 어떤 틀에 의해 상황을 인식하느냐에 따라 형태가 달라지는 것을 '프레이밍 효과framing effect'라고 한다. 똑같은 사안에 대해서도 사람들은 그것이 어떻게 묘사되느냐에 따라 다르게 반응한다는 뜻이다. 프레임은 인간이 성장하면서 생각을 더 효율적으로 하기 위해 생각의 처리 방식을 공식화한 것을 뜻한다. 이렇게 공식화된 프레임은 인간의 행동방식은 물론 행동 결과의 좋고 나쁨에도 상당한 영향을 미친다. 문제는 어떤 프레임을 부정하면 그 프레임이 활성화되고 자주 활성화될수록 더욱 강해진다는 것이다. 코로나 맥주 사례에서 코로나라는 부정의 프레임, 전염, 바이러스, 병, 환자, 죽음과 같은 부정의 언어를 매일 수십 번 접하다보니 우리 뇌 안에서 부정의 프레임이 확고히 지리잡게 되었다. 미국의 인지언어학자인 조지 레이코프George Lakoff는 프레임을 '특정한 언어와 연결되어 연상되는 사고의 체계'라고 정의한다. 프레임은 우리가 사용하는 모든 언어에 연결되어 존재하는 것으로, 우리가 듣고 말하고 생각할 때 우리 머릿 속에는 늘 프레임이 작동한다는 게 그의 주장이다.

선택의
갈림길

현대적인 삶을 살아가는 사람은 누구나 신용카드를 사용한다. 전 세계인이 사용하는 신용카드는 어떻게 해서 탄생되었을까? 1894년 미국의 '호텔 크레디트레터'라는 회사가 호텔 숙박이 잦은 영업사원을 대상으로 발행한 편지 형식의 신용보증문서가 신용카드의 효시로 평가된다. 이후 1914년 미국 석유회사인 제너럴 페트롤륨General Petroleum은 단골고객에게 외상 판매를 위한 카드를 발급했고, 1920년엔 미국의 상점은 '지금 사고, 나중에 갚는 buy now, pay later' 결제 방식을 도입했다. 우리가 아는 현대적 신용카드는 1950년에 처음 등장했다. 사업가 프랭크 맥나마라Frank McNamara는 뉴욕의 한 고급 레스토랑에서 친구들에게 저녁식사를 대접하고 계산할 때쯤 호텔에 지갑을 두고 온 것을 깨달았다. 아내를 급히 불러 대금을 지불했지만 이때 경험은 맥나마라에게 중요한 사업적 영감을 줬다. 이후 현금이 없어도 우선 구매가 가능한 카드를 만들자는 아이디어를 내면서 세계 최초의 신용카드 '다이너스 클럽Diner's Club'이 탄생했다.

원래 신용카드라는 말은 정확한 표현이 아니다. 지금 사고, 나중에 금액을 지불하는 방식이기 때문에 '외상카드'나 '후불카드' 또는 '마이너스 카드'라는 명칭이 정확하다. 그런데 왜 신용카드라는 명칭으로 사용되고 있을까? 다음의 실험을 통해 이해해보자.

2019년 12월에 코로나19라는 정체 불명의 바이러스가 온 세계를 공포로 몰아넣고 있는 상황에서 상당수의 희생자가 발생할 것으로 예상되고 있다. 만약 그대로 방치할 경우 600명의 희생자가 발행할 가능성이 확실하다. 정부는 이 바이러스를 막기 위해 방역단과 저명 의학자들로 구성된 대책단을 출범시켰다. 밤을 새워 두 가지 대책을 세웠는데 그 효과는 다음과 같다.

대책A	대책B
사망자 수를 200명 줄일 수 있음	1/3의 확률로 사망자 수를 600명 줄일 수 있고, 2/3의 확률로 사망자 수를 전혀 줄일 수 없음

'대책A'를 선택할 경우 확실하게 사망자를 200명 줄일 수 있는 효과를 얻을 수 있다. 반면 '대책B'는 1/3의 확률로 사망자 수를 600명 줄일 수 있고, 2/3의 확률로 사망자 수를 전혀 줄일 수 없다. 정부는 이 두 대책 중에서 어떤 것을 선택할지 고민하다가 국민에게

물어보기로 했다. 조사결과는 어떻게 나왔을까?

조사결과 응답자의 72퍼센트에 해당되는 사람이 '대책A'를 더 선호했다. 결과적으로 '대책A'와 '대책B'는 사망자 수 200명을 줄일 수 있는 동일한 가치를 지니고 있지만 설문에 참여한 대다수의 사람들은 '대책A'를 선택했다.

정부는 조사결과에 의문을 품었고, 재삼 확인해볼 필요가 있다는 방역대책단의 지적도 있어 한 번 더 조사해보기로 했다. 변경된 대책안은 다음과 같다.

대책C	대책D
400명의 사망자 발생	1/3의 확률로 아무도 죽지 않을 수 있고 2/3의 확률로 600명의 사망자 발생

결과는 정말 흥미로워졌다. 이번 설문조사를 받은 사람들 가운데 소수만이 '대책C'를 선택했고, 78퍼센트의 사람들이 '대책D'를 선택했다. 처음 설문조사를 했을 때와는 정반대의 결과였다. '대책C'와 '대책D'는 동일하게 400명의 사망자가 발생함에도 불구하고 왜 이렇게 다른 결과가 나왔을까? 설문조사에 참여한 사람들이 일관성이 없어서 그럴까? 이번 설문조사의 핵심은 사람들이 대책의 효과를 어느 프레임에 의해 인식하느냐에 따라 달라진다는 것이다. 첫 번째 조사에서는 "몇 명이 살게 되느냐"는 긍정의 프레임으로 인식하는 반면, 두 번째 조사에서는 "몇 명이 죽게 되느냐"는 부정의

프레임으로 인식하는 차이가 있다. 어떠한 상황에서든 사람들은 부정적인 상황을 피하고 싶고 긍정적으로 바뀌기를 원한다. 사망자 수를 줄일 수 있는 것과 확실히 사망자가 발행한다는 언어상의 표현에 따라 똑같은 가치임에도 불구하고 긍정적인 방향으로 결정을 내리기를 선호한다는 것이다.

그럼 다음의 질문에 응답해보기 바란다. 당신이 코로나19 방역대책단 책임자라면 늘어나는 사망자 수를 어떻게 표현해야 할까? 2020년 5월 31일 기준, 한국의 코로나19 사망자 수는 270명이다.

방법A	방법B
270명의 코로나19 사망자 발생	97.6%의 비율로 아무도 죽지 않았고 2.4%의 비율로 270명의 코로니19 사망자 발생

방역대책단 책임자라면 당연히 '방법B'를 선택할 것이다. 여기서 고수는 비교 프레임까지 더한다. "2020년 5월 31일 기준 프랑스의 사망자수는 28,714명에 달합니다. 사망률은 19.2%이며, 한국에 비해 28,444명 많고, 사망률 또한 16.8%나 높은 수치입니다."

이런 프레이밍 효과가 중요하기도 하고 무서운 섬은 일단 프레임이 한번 만들어지면 사람들의 사고나 행동은 그 프레임 안에서만 움직이게 된다. 사람들의 생각을 가두고 한 방향으로 사고하도록 만드는 프레이밍 효과의 강력한 힘은 이 틀을 깨지 못하는 한 계속될 수밖에 없다.

결정
프레임

신용카드 얘기로 돌아가보자. 신용카드는 연체 이력이 없고, 수입이 일정하며, 직업이 확실한 사람에게만 발급한다. 그래서 "신용이 좋다.", "신용이 높다."는 표현을 하며 신뢰와 믿음을 강조한다. 이는 부정보다 긍정을 강조한 프레임이다. 신용카드라는 긍정의 프레임을 적용하는 순간, 카드를 쓸수록 신용이 쌓이는 착각을 한다. 일반적으로 신용이란 사람을 신뢰 또는 신임한다는 뜻으로 사회생활에 있어 인간과 인간과의 관계를 원활하게 이어주는 바탕이 된다. 이러한 의미를 내포하고 있는 신용카드가 보급된 이후 과소비가 폭발적으로 증가하고, 심지어 신용불량자수가 걷잡을 수 없이 확대된 점만 보더라도 프레임을 통한 언어조작이 얼마나 효과적으로 발휘되는가를 알 수 있다. 그런데 기분 좋게 식사하고 결제를 하려는 상황에서 종업원이 "외상 카드나 마이너스 카드 주시겠어요."라고 한다면 기분이 어떨까? 동행한 사람보기에도 민망하고 부끄러운 상황이 되고 만다. 이처럼 외상 카드, 마이너스 카드라는 부정의 프레임을 적용하면 카드를 쓸수록 빚이 쌓인다는 느낌을 받기 때문에 불필요한 소비를 자제하게 된다.

그런데 더 재밌는 일은 신용카드로 비롯된 돈에 대한 인식이다. 돈에 대한 프레임은 돈의 물리적 형태에 따라서 달라진다. 신용카드는 단순한 직사각형 플라스틱일 뿐 현금과 동일한 통화수단이다. 그런데 막상 신용카드를 손에 쥐게 되면 2002년 초반에 나왔던 현대카드 광고 "열심히 일한 당신 떠나라."는 긍정적 메시지에 동화되어 소비의 유혹에 쉽게 빠져버린다.

미국의 한 식당에서 일주일 동안 135명의 손님들을 무작위로 추출하여 그들이 음식값으로 현금과 신용카드 중 어떤 통화수단으로 결제하는지 기록하고, 종업원에게 주는 팁의 액수를 조사했다. 이후 식사비 총액이 비슷한 테이블을 구분하여 팁 액수를 조사했더니 현금으로 식사비를 계산한 손님은 총 식사비용의 평균 14.95퍼센트가 팁으로 주어졌지만, 신용카드로 계산한 경우 평균 16.95퍼센트가 팁으로 주어졌다.[20] 한마디로 '신용카드 – 긍정프레임(좋은 신용, 높은 신용) = 소비'라는 공식이 신용카드 사용자의 무의식적 프레임에 자리잡고 있기 때문에 신용카드를 보기만 해도 소비 행동이 유발될 수 있다는 점을 보여주는 놀라운 연구결과라 하겠다.

그런데 당신이 추진하는 사업에 문제가 악화되었을 때 또는 고착화된 인식을 전환하고자 할 때는 어떻게 해야 할까? 2014년 대한 민국 정부에서 일어난 일이다. 퇴직 공무원들에게 지급하는 연금액 가운데 부족한 돈 만큼을 정부가 메워주는 적자 보전액이 2015년 에 처음으로 4조 원을 넘게 되었다.

당시 안전행정부는 2015년에 공무원 연금 보험료 수입이 8조 684억 원이고, 39만 명의 퇴직자들에게 지급할 연금액이 11조 1,100억 원이어서 부족분을 정부 보전금 2조 9,133억 원을 받아 채울 예정이라고 말했다. 군인연금은 2015년에 8만 7,800명에게 지급할 연금액 부족분 1조 3,431억 원을 정부의 연금 적자 보전금으로 메울 예정이다. 문제는 이 같은 정부의 연금 적자 보전금이 앞으로 기하급수적으로 늘어난다는 데 있다. 2016년 5조 원, 2018년 6조 원, 2020년 8조 원을 넘어선다.

2015년도 공무원 연금 적자 보전액을 공무원끼리 자체 해결하려면 공무원 1인당 월 22만 원을 더 내야 한다는 계산이 나온다. 평생을 낮은 월급 받으며 공직생활을 했는데 세금을 더 내고 연금까지 깎겠다니 공무원 입장에서는 받아들일 수 없는 상황이다. 결국 공무원 노조원들은 공무원 연금의 합리적인 개혁을 강하게 반발하고 집단행동을 취하기도 했다.

이후 정부는 새로운 프레임을 다음과 같이 제안한다. "내년도 예산안에 연금 적자 보전금으로 각각 공무원 연금 2조 9,133억 원, 군인연금 1조 3,431억 원 등 모두 4조 2,564억 원을 편성했다. 이 돈은 서해안고속도로(4조 8,000억 원)를 하나 더 놓거나, 현재 65세 이상 노인들에게 월 20만 원씩 지급하는 기초연금(7조 5,824억 원)을 10만 원씩 더 올려 줄 수 있는 액수다." 그리고 공무원 연금과 국민 연금과의 월 수령액 차이를 보여주며 기사화한다.

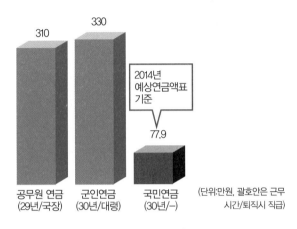

〈공무원 연금과 주요 연금 월 수령액 비교〉

당초 이 싸움의 대상은 국가와 공무원이다. 이렇게 되면 대한민국 국민과 공무원의 싸움이 되버린다. 평소 공무원 연금 개혁에 별다른 관심을 보이지 않았던 일반 국민들이 공무원개혁에 힘을 실어주게 된다. 왜? 자신이 낸 세금이 낭비된다고 생각하기 때문이다. 결국 일반 국민을 끌어들이는 진략이 '결정 프레임decision frame'으로 작용하게 되면서 공무원 연금은 더 많이 내고 덜 받는 구조로 바뀌었다. 지금까지 살펴본 바와 같이 일반적으로 상대가 제시하는 프레임은 '이것 아니면 저것'이라는 양자택일의 함정으로 다른 대안을 생각해내지 못하게 한다. 일종의 '마비 현상'을 뜻한다. 이런 경우 상대의 제안이 나의 욕구에 충족하는가를 판단해야 한다. 즉, '이것 또는 저것'이라는 상대의 제안에 얽매이지 말고 그 제안이 정말 나의 욕구를 충족시킬 수 있는지를 살펴보는 지혜가 필요하다.

12

배가 부를 때는 사냥하지 않는다

"인간은 각각 사물을 보는 방법을 지니고 있다.
그리고 같은 사람이라도 시간이 바뀌면
같은 대상에 대해 다른 견해를 보인다."

체사레 베카리아Cesare Bonesana Marchese di Beccaria

너
게이지?

2020년 4월 30일, 첫 국내감염 확진자가 0명이 되면서 K-방역이 세계적 모범을 이어가는 듯 했다. 그런데 희망은 잠시, 집단감염의 초발환자로 지목됐던 용인의 모 확진자가 이태원의 유명 게이클럽을 다녀갔다는 소식이 전해지면서 성 소수자들은 집중 비난의 대상이 되었다. 5월 7일 국내 언론 매체는 '게이클럽', '클럽 방문자 2,000명'을 강조하는 후속 기사들을 앞다투어 쏟아냈다. 이태원 클럽 확진자 첫 보도 이후, 민주언론시민연합이 5월 7일부터 11일 오후 5시까지 네이버 검색으로 확인한 '게이클럽', '게이', '동성애' 등의 키워드가 포함된 기사는 1,174건에 달했다.

코로나19로 인해 전 세계 국가에 메가톤급 경제 충격을 가하고 있는 상황을 두고 경제 전문가들은 코로나19 전과 후로 나뉜다고 한다. 하지만 한국은 코로나19 국면을 임의로 이태원 클럽발 전과 후로 나눌 수 있겠다. 이태원 클럽발 이전에는 국민의 단합된 힘을 발견했지만 후에는 서로 혐오하고 분열하는 우리의 문제점을 발견했기 때문이다. 물론 이태원 클럽발 재전파가 시작된 후로도 쿠팡 물류센터, 생명보험사 전화영업점, 교회 소모임 등 여기저기서 전파가 되었지만 여전히 잘 관리되고 우리의 힘은 강했다. 하지만 여기서 차이나 다름을 받아들이지 못하는 우리 사회의 '포용력'에 대해서 생각하게 된다.

의무교육을 마친 우리 대부분은 포용에 대해서 한 번도 배워본적이 없다. 누구나 상식적으로 이해하고 있다고 생각하는 걸까? '포용包容'의 사전적 의미는 '남을 너그럽게 감싸 주거나 받아 들인다.'는 뜻이다. 그런 힘이 '포용력'이 된다. 여기서 '남'은 '자기가 아닌 다른 존재'를 말하며, 자기와 같거나 비슷해서 받아들이는 것이 아니고 다른 상태, 즉 있는 그대로 받아들이는 것이다.

그럼, 다시 코로나19 이태원 클럽발 이야기로 돌아가보자. 정부는 이태원 클럽발 확진자가 증폭하자 해당 기간 클럽 방문객들에게 코로나19 감염 검사를 받도록 권고했다. 하지만 많은 클럽 이용자들이 정부의 권고를 따르지 않은 채 숨었다. 그들은 왜 숨었을까? 그리고 왜 정부는 숨은 이들이 검사받게 하기 위해 익명을 약속했고, 홍석천과 하리수까지 나서며 이들의 검사를 독려했을까? 용인에 살며 이태원 클럽을 이용했던 이태원발 첫 코로나 확진자가 갔던 클럽들이 게이클럽이기 때문이다. 게이클럽? 게이클럽이 있다는 사실을 처음 접하는 분들도 많을 거다. 클럽은 누구나 갈 수 있는 곳인데 왜 당당하게 검사받지 못하고 숨었을까? 우리 사회에 성소수자에 대한 차별이 있기 때문이다.

코로나19 사태 국면에서 과도하게 밀집된 실내장소에 가고, 그곳에서 마스크도 쓰지 않고 자신만의 이기적 즐거움을 추구하는 이들을 옹호하고 싶은 마음은 추호도 없다. 내가 말하고 싶은 건 우리 사회의 '포용력'이다. 누구나 게이가 될 수 있고, 누구도 동성애자의 자유를 억압할 수 없다고 개인적으로 생각하지만 동시에 동성애를 다룰 만큼 우리 사회가 성숙되었고, 그들을 포용할 수 있는 자세가 되어 있는지는 명확한 의문이 든다. 우리 사회가 자기가 아닌 다른 존재를 있는 그대로 받아들일 수 있는 포용력이 있는 사회였다면, 동성애 합법화 이슈를 떠나서 사회적으로 동성애에 대한 차별적 시선이 없었다면 그들은 숨지 않았을 것이다.

배부른 맹수들은 초식동물이 가까이 지나가도 더 이상 사냥을 하지 않는다. 맹수들이 목숨을 부지하는 것은 사냥을 잘하는 능력 때문만이 아니다. 역설적이게도 배가 부를 때 사냥을 하지 않고 초식동물의 무리가 살아갈 수 있도록 놓아두는 그들만의 포용력이 있기 때문이다. 이 책에서 내가 포용력에 대해 말하고 싶은 건, '코스모폴리타니즘cosmopolitanism'같은 박애주의 정신 때문이 아니다. 그것이 실용적이고, 우리 사회를 더 발전시킬 수 있기 때문이다.

게이와
테크놀로지

포용의 실용성에 대한 대표적인 학자가 있다. 현재 캐나다 토론토대학 로트만 경영대학에 재직중인 리처드 플로리다Richard Florida 교수다. 그는 《창조 계급의 부상The Rise of the Creative Class》, 《도시와 창조 계급》이라는 책에서 '어떤 지역의 번창 혹은 몰락에 영향을 미치는 주된 요소는 무엇인가'라는 물음에 대해 '3T 이론'을 제시했다. 이 이론은 기대 이상의 성공을 거둔 반면 수많은 논쟁을 양산하기도 했다.

그럼 자세히 살펴보자. 미국의 주요 도시와 창조성에 대해 연구하던 어느 날, 리처드 교수는 이상한 점을 발견했다. 미국에서 가정 친화적 또는 자녀 친화적 도시들로 인기가 높은 도시들 가운데 다수는 게이와 예술가들의 주거지로도 높은 점수를 받은 도시라는 사실이 밝혀졌다. 미국의 상위 자녀 친화적인 도시는 오리건

주의 포틀랜드, 워싱턴 주의 시애틀, 뉴욕시와 샌프란시스코, 미니애폴리스가 대표적이며, 모두 게이 지수가 평균을 훨씬 넘었다.[21]

보다 흥미로운 점은 미국에서 첨단산업이 발달한 도시의 순위와 게이 지수gay index가 높은 도시의 순위가 거의 같은 것으로 나타났다. 게이 지수란 각 도시마다 동성애자의 거주 비율을 의미한다. 즉, 게이 지수의 비율이 높을수록 첨단산업 더 발달했다는 것이다. 말하자면 게이는 창조경제의 단서라고 할 수 있는데, 다양하고 진보적인 환경이라는 신호를 보내기 때문이라고 해석할 수 있다.

미국의 싱크 탱크인 밀켄 연구소Milken Institute가 제시한 그래프에서 보듯 게이 집중도가 하이테크 산업의 성장에 결정 요인이라는 사실을 확신시켜준다. 이러한 결과는 나양성을 촉신하고 진입장벽

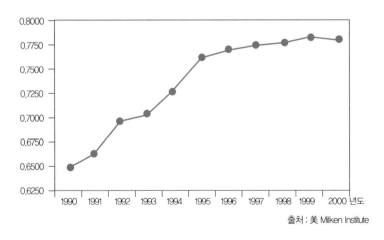

출처 : 美 Milken Institute

〈게이 지수와 하이테크 산업 간 상관계수〉

을 낮추는 것이 인적자본을 유인하고 기술에 기반을 둔 성장을 추동한다는 관점을 뒷받침한다.

이 결과를 토대로 리처드 교수는 도시가 포용력(tolerance, 3T)이 높을수록 재능(talent, 2T)있는 사람들이 모여들고 그 결과, 기술(technology, 1T)이 발달한다는 3T 이론을 창안하게 되었다. 그 대표적인 지역이 실리콘밸리가 소재하고 있는 샌프란시스코다. 첨단산업, 특히 IT 산업과 벤처기업의 메카로 불리는 실리콘밸리는 성공한 기업이 집적하는 하나의 대명사가 되었다. 2015년 미국 인구조사국 추산에 따르면 샌프란시스코 광역권 12개 카운티의 인구는 871만여 명으로 서울·인천·경기의 3분의 1에 불과하지만, 지역내총생산RGDP은 8,100억 달러로, 한국 수도권보다 30퍼센트 이상 높다. 샌프란시스코 광역권의 1인당 RGDP는 한국 수도권의 3.7배에 이른다. 국가로 따지면 세계 18위에 해당하는 규모다.[22]

실제 실리콘밸리에 마주치는 사람의 10명 중 8명이 아시아인이다. 백인이 소수인 지역이 바로 실리콘밸리다. 그곳은 애플의 스티브 잡스Steve Jobs와 폴란드계 미국인 스티브 워즈니악Steve Wozniak과 같은 초기의 히피 창업자들을 받아들였을 뿐만 아니라 성 소수자들도 차별받지 않고 살아갈 정도의 도시라는 인식이 확산되면서 재능있는 사람들이 전 세계에서 몰려들었다. 현재 애플의 CEO인 팀 쿡Tim Cook은 동성애자로 알려져 있다. 그곳에 사는 동성애자들은 자신이 동성애인 것을 자랑스럽게 여기며 신이 내게 준 선물이라고 생각한다.

　리처드 교수의 연구결과에서 보듯 개방적이며 낮은 진입장벽을 가진 장소들은 광범위한 배경을 가진 사람들을 유인하는 능력을 가지고 있기 때문에 창조적 우위를 획득하게 된다. 다른 모든 것이 동일하다면, 더 개방적이고 다양한 장소가 더 재능있고 창조적인 사람들, 즉 조직의 혁신과 성장을 추구하는 사람들을 더 많이 유인할 가능성이 높다.

이방인
성공시대

포용력은 동성애자를 비롯한 자기가 아닌 다른 존재를 있는 그대로 받아들임으로써 생존과 번영을 꾀할 수 있는 능력이다. 역사적으로도 포용력을 발휘하냐 못 하냐에 따라 국가의 흥망이 결정되는 경우도 많다. 그 대표적인 사례가 로마제국이다.

로마제국은 원래 조그마한 도시국가에서 출발했다. 로마제국의 역사는 BC 8세기 무렵부터 시작되는데 그리스에서 지중해를 건너 이주해간 한 집단이 테베레 강 근처에 정착하면서 로마의 역사가 시작된다. 설화에 의하면 테베레 강에 로물루스와 레무스라는 두 아이가 버려졌는데 이들은 늑대의 젖을 먹고 자란다. 두 형제는 테베레 강가에서 도시국가를 건설한 후 다툼이 벌어져 로물루스가 레무스를 죽이고 약 3,000여 명의 주민으로 자신의 이름을 딴 로마Roma라는 작은 도시국가를 건설한다.

이렇게 출발한 로마는 맨 처음 인근의 사비니족과 갈등을 겪으면서 네 번의 전투를 하게 되는데 모두 승리로 이끈다. 그런데 아이러니한 일은 적국인 사비니족을 강제로 통제하거나 합병하지 않고 사비니족의 왕과 로물루스가 공동으로 왕이 되었으며, 사비니족 시민에게는 로마인과 똑같은 시민권을 주었다. 전쟁에 패한 사비니족 입장에서는 전혀 예측할 수 없었던 처우를 받은 거다.

우리가 사극이나 무협지를 보면 싸움에 패한 장수를 어떻게 하는가? 목을 날리거나 옥살이를 시키는 것을 상식으로 알고 있는데 로마인은 싸움에 패한 장수를 처벌하지 않는다. 패전 뒤에 맛보는 수치심만으로 충분히 벌을 받았다고 생각했으며, 명예를 최고의 덕목으로 여기는 로마인에게 그것은 가장 무거운 형벌이었다. 그것은 복수심을 불태워 설욕전을 치르라는 뜻이 아니라 패전의 원인을 냉철하게 분석하고 준비해서 다시 승리할 기회를 준 것이다. 이런 논리가 현실에도 가능하다는 사실을 2002년 한·일 월드컵에서도 확인했다. 이탈리아와의 16강전 도중 안정환 선수가 페널티킥을 놓쳤을 때 히딩크 감독은 안정환을 교체하지 않았다. 안정환은 상당히 미안해 하면서 고개를 푹 숙이고 있었지만 후반전에 안정환을 교체하지 않은 건 로마인의 형벌을 히딩크 감독이 준 것이다. 실패했지만 포용해주는 정신이 로마인을 더욱 강하게 만드는 최고의 비결이었다.

아직 놀라긴 이르다. 로마 역사상 가장 넓은 영토와 안정된 정치, 경제적인 번영을 이룬 시기를 가리켜 '5현제伍賢帝 시대'라고 한다. 5

현제 시대는 로마 제정이 가장 찬란히 빛났던 100여 년간을 의미하는데 이 시대에는 황제의 제위를 세습하지 않고, 원로원 의원 중에서 가장 유능한 인물을 황제로 지명했기 때문에 훌륭한 황제가 속출했다. 네르바 황제의 즉위로부터 마르쿠스 아우렐리우스 황제의 사망 시기가 해당된다. 그 5명의 황제는 다음과 같다.

네르바Nerva(재위 96~98), 트라야누스Trajanus(재위 98~117), 하드리아누스Hadrianus(재위 117~138), 안토니누스 피우스Antoninus Pius(재위 138~161), 마르쿠스 아우렐리우스Marcus Aurelius(재위 161~180)

놀라운 사실은 이 5명 가운데 3명은 로마에 뿌리를 두지 않은 이방인이었다는 것이다. 트라야누스와 하드리아누스는 지금의 스페인 출신이고, 안토니누스 피우스는 지금의 프랑스 갈리아 출신의 골족이었다.[23] 마르쿠스 아우렐리우스의 아버지는 에스파냐 남쪽 끝에 있는 자치지방인 안달루시아 출신이었다.

이들은 비록 귀족이긴 했지만 로마에 아무런 연고없이 오로지 능력만으로 최고의 지도자 계층에 오른 후 마침내 황제까지 되었고 역사상 가장 훌륭한 황제로 추앙받았다. 현대에도 하기 어려운 일을 외지인에게 황제 자리까지 내줄 수 있었던 것은 동서고금의 역사를 통틀어 쉽게 찾아보기 힘든 일이다. 이를 두고 18세기 영국의 역사가인 애드워드 기번Edward Gibbon은 "5현제 시대는 인류사상 가장 행복한 시대"라고 극찬하기도 했다.

반면 포용력을 등한시한 그리스는 서양문명의 발상지이며 민주정치의 꽃을 피웠지만 제국을 이루지 못했다. 그들에게 도시민은

피를 나눈 사람이어야 했다. 아테네에서는 부모가 모두 아테네 사람이어야만 시민권을 주었다. 당대 그리스의 철학자인 아리스토텔레스Aristoteles는 아테네 학문 전반에 걸친 백과전서적 학자로서 과학제 부문의 기초를 쌓고 논리학을 창건하고도 마케도니아 출신이라는 이유로 시민권을 얻지 못했다. 그토록 화려한 문명을 자랑한 아테네도, 강한 군사력을 보유했던 스파르타도 그리스 전체를 통일하지는 못했다. 700년이 넘도록 이베리아반도를 차지하고 있던 스페인이 이슬람 세력을 완전히 몰아내어 이베리아반도를 통일하고, 콜럼버스에 의해 신대륙을 발견하고도 쇠망의 길로 접어들게 된 배경 역시 포용하지 않고 가톨릭에 대한 순혈령만을 고집하며 배타성을 버리지 않았기 때문이다.

호모
노마드

인간은 우월한 집단을 선호하고, 힘이 있는 그룹이 비교적 약한 그룹을 배척하는 것은 일반적인 현상이다. 하지만 '힘의 논리에 의해 약자를 지배하는 것이 옳다.'는 생각이 고착화되면 파시즘의 형태를 띤다. 파시즘의 대표적 성질은 '평등'을 부정한다. 특히 한국은 파시즘과 배척주의가 유난히도 강한 나라다. 계층간 갈등이 두드러지고 상하구별, 우열에 의한 지배, 복종 심리가 강한 신분제 사회다. 많이 겪어봤겠지만 처음 만나는 사람에게 인사 후 바로 "무슨 일을 하십니까?"로 물어보는 이유가 상하구분, 지배-피지배를 구분하기 위한 심리적 장치다. 친구도 생년월일로 위아래를 따지고, 나이는 어린데 직장에 먼저 왔다고 '선배'라고 부르는 일상의 단편적인 모습에서도 평등은 찾아보기 어렵다. 그러니 게이를 평등한 시선으로 바라봐주길 바라는 건 지나친 욕심일 수도 있다.

우리는 박물관에서 화석 표본 속에 이미 멸종해버린 동물의 모습을 본 적이 있다. 그들은 천적들을 능가하기 위해 계속해서 덩치를 키웠거나 외피를 딱딱하게 굳게 만들었으나 결국 멸종하고 말았다. 전통적인 생존 형태에 의지하여 다른 사람을 배격하는 것은 전쟁과 같은 일시적인 상황에서는 좋은 방법이 될 수 있을지는 몰라도 장기적인 발전 전략으로서는 매우 편협한 접근이다. 그런 접근법으로 가장 큰 손해를 입은 나라가 독일이다. 각종 노벨상 수상자를 배출하며 세계 2차대전 전까지 과학 강국이었던 독일은 2차 대전 후 과학기술 1위 자리를 미국에 단숨에 빼앗겼다. 나치 정권 12년 동안 독일을 떠난 인재들을 미국은 다 받아주었다. 그렇게 독일을 떠나간 인재 중 알버트 아인슈타인Albert Einstein도 있었다.

지금과 같은 다양한 환경, 끊임없이 변화되는 4차 산업혁명의 시대에서는 한 가지 특정한 강점만 가지고서는 지속적으로 살아남기 어렵다. 20년 전, 전염병 사태를 예측한 프랑스의 석학 자크 아탈리 교수Jacques Attali는 그의 저서 《호모 노마드, 유목하는 인간》에서 "성을 쌓고 사는 자는 반드시 망할 것이고, 끊임없이 이동하는 자만이 살아남을 것이다."라고 강조했다.

즉 지금 가진 것, 내 생각을 고집하지 말고 계속 움직여 새로운 것을 받아들이고 포용하는 것이 생존과 번영의 열쇠라는 것이다. 본 주제 가장 앞에 질문했던 "너 게이지?"라는 질문에 언젠가는 "응, 나 국가 경쟁력 높이는 게이야!"라는 대답이 나오길 희망해본다.

13

스님에게
빗을 팔아라

—— ◆ ——

"인간은 대게 자기중심으로 살아가는 동물이다."

야마모토 슈고로Yamamoto Shugoro

팬데믹?
언택트다

'불경기에는 립스틱이 잘 팔린다.'는 속설이 있다. 비교적 적은 비용의 립스틱 하나로 기분 전환이 가능해 '가성비'와 '가심비'를 모두 충족할 수 있어서다. 그러나 코로나19 사태가 장기화되면서 경기불황이 시작됐지만 립스틱 인기는 오히려 줄었다. 마스크 착용이 일상화되면서 마스크로 가려지는 입술보다 아이 메이크업에 좀 더 신경 쓰고 있기 때문이다. 이러한 영향에 힘입어 2020년 3월 화장품 수출은 7억 6천 5백만 달러로 역대 최고치를 기록했다. 중국으로의 수출길이 막혔던 2월 대비해서는 48퍼센트가 늘었고 1년 전에 비해서도 30퍼센트가 늘었다. 이처럼 코로나19라는 팬데믹 상황에서도 인간의 심리를 제대로 적용하면 어려움도 극복할 수 있다.

앞서 코로나19로 인해 언택트가 트렌드의 티핑 포인트가 되었다고 기술했다. 아이러니하게도 인간은 서로 연결되지 않으면 안 되는 시대를 살고 있음에도 사람과 직접적인 대면 없이도 아무런 지장없이 살아가는 사람들이 계속 늘어난다는 점이다. 기성세대로서는 수용하기 힘든 변화겠지만 코로나19로 인해 사람간의 직접적인 접촉에서 오는 불필요한 갈등과 감정 소모, 피로감에 대한 거부가 '편리한 단절'로 이어지고 있다. 배달 앱을 통해 음식 배달, 결제나 도착지를 설명할 필요 없는 택시 앱, 고속도로 하이패스, 셀프 주유소, 한 번의 클릭으로 문 앞에 배달시키는 새벽 배송, 키오스크를 활용한 햄버거 주문, 사이렌 오더를 활용한 스타벅스 커피 선주문·결제, 자동결제 주차요금, 모바일 비대면 금융거래, 안면인식 기술을 활용한 회사 출입, 넷플릭스로 안방에서 최신 영화보기 등 편리한 단절을 위한 앱이나 기술적 진화가 끊임없이 우리 생활에 침투하고 있다.

이러한 변화는 오프라인 시장에서도 두드러지게 나타나고 있다. 일본의 의류 브랜드 '어반리서치Urban Research' 스토어는 매장 입구에 파란 쇼핑백을 비치하고, 이 가방을 든 손님에게는 점원이 일체 말을 걸지 않는다, 일명 '침묵의 가방'이다. 언택트를 도입한 결과 점원들은 도움을 요청하는 고객에 집중할 수 있게 되었고, 고객은 점원 눈치보지 않고 자신의 스타일대로 쇼핑할 수 있어 매장내 분위기는 더 좋아졌다고 한다.

유통업뿐만 아니라 서비스업으로도 언택트는 확장되었다. 일본 교토의 '도都택시'는 운전기사가 목적지를 묻거나 요금을 받을 때

외에는 승객에게 일체 말을 걸지 않는다. 외견상 다른 택시와 차이가 없지만 타 보면 조수석 목 받침대에 "승무원이 말 거는 걸 자제합니다."라는 글이 적혀 있다. 고객이 먼저 말을 걸지 않는 한 운전자가 먼저 말을 걸지 않는 이른바 '침묵의 택시'다.[24] 고객을 무시하는 것이 아니라 고객의 자율성을 존중해주자는 것이다. 이제는 시대가 바뀌어 침묵도 고객의 가치를 존중하는 중요한 서비스가 된 셈이다. 여기서도 비즈니스의 핵심은 침묵이 아니라 언택트다.

소비자의 심리를
겨냥한 마케팅

코로나19로 많은 기업들이 애써 만들고 가꾼 제품과 서비스가 팔리지 않아 울상을 짓고 있다. 그러나 불황기에 힘든 것은 기업들만이 아니다. 같은 시점에서 불황기를 함께 경험하고 있는 소비자들은 과연 어떤 심리상태일까?

전 세계로 바이러스가 급속도로 빠르게 전파되는 상황이 되면 사람들은 심리적으로 위축되고 자신감을 잃게 마련이다. 이런 위기 상황에서 소비자들은 새로운 소비 행동을 촉진하기보다는 오랫동안 신뢰해 온 브랜드를 더욱 선호하게 된다. 실존 심리학에서 주장하는 '공포관리이론terror management theory'에 따르면 질병과 같은 극도의 공포 분위기 속에서 사람들은 원래 자신의 세계관에 좀 더 초점을 두게 된다. 그때그때마다 유행이나 새로운 트렌드를 좇기보다 원래 자신이 가진 습관이나 관습과 같은 타성에 좀 더 많이 기대게 된다. 미국의 글로벌 투자은행 에버코어Evercore에서도 비슷한 조사를 했는데 바이러스가 창궐하는 상황에서 소비자들은 새롭고 트렌디한 것보다 익숙하고 진실된 것을 선호하는 것으로 나타났다. 때문에 완전히 새로운 브랜드를 출시하는 것은 현재로서는 악수를 두는 것과 같다. 행동과학을 연구하는 이노베이션버블의 CEO인 사이먼 무어Simon Moore도 "소비자들은 새로운 사고방식을 받아들이기보다 기존의 사고방식을 유지하는데 집중한다."고 강조했다.

이런 소비자의 심리를 반영한 것이 '이너시아 마케팅'이다. '이너시아inertia'는 관성이란 뜻으로, 소비자가 습관적으로 사용해 온 제품이나 브랜드를 추구하는 심리를 이용하여 구매를 유도하는 방법이다. 그 예로 이마트는 1980~90년대 감성과 추억을 소환한 레트로retro 콘텐츠와 이들 상품에 기능성을 더한 '뉴트로' 아이템을 선보이고 있다. 은박지를 깐 불판에 구워먹던 '냉동 삼겹살'과 노란 종이봉투에 담긴 '옛날 통닭'을 옛날 방식대로 매장에서 바로 튀겨서 판매한다. 1970~80년대 다 먹고 나면 병을 씻어서 '보리차병'으로 주목받아온 델몬트는 유리병을 소환하여 '델몬트 레트로 기획 오렌지' 세트를 출시했고, 1990년대 맥심커피 판촉물로 쓰임 받았던 '빨간새 보온병'도 '맥심 레트로 에디션 2종과 상품화됐다.[25]

편의점에선 CU가 추억의 간식 시리즈로 쫀드기, 단짝 캔디, 삼거리 캔디 등 8종을 선보여 인기몰이를 잇고 있으며, 최근엔 밀가루 회사인 대한제분과 손잡고 '곰표 밀맥주'를 판매했다. 곰표 밀맥주는 3일 만에 첫 생산물량 10만 개를 완판했고, 누적 판매량도 일주일 새 30만 개를 돌파했다. 이는 CU가 2017년 업계 최초로 수제 맥주를 선보인 후 3년 만에 최고 실적이다. 이처럼 이너시아 마케팅이 때아닌 호황을 누리고 있다.

최첨단을 달리는 전자제품이라고 예외는 아니다. 공격적 마케팅을 펼치던 애플과 삼성전자도 잠시 뒤를 돌아보며 이너시아 마케팅에 동참하고 있다. 2020년 4월에 출시한 아이폰SE는 구형 아이폰8과 스마트폰 보호 케이스가 호환이 될 정도로 외형상으로는 거의 똑같다. 노치가 아닌 두꺼운 베젤이 아래위로 자리잡고 있고 물리 홈버튼도 부활했다. 한국에서 코로나19가 한참 기승을 부릴 때 출시한 삼성 갤럭시Z 플립은 최신 기술의 정점인 폴더블폰이지만, 과거 플립폰의 향수를 불러 일으키면서 기존 대화면 스마트폰의 사용성을 갖추고 있다. 과거와 현재 그리고 미래를 융합한 이 제품은 3040세대는 물론 의외로 중장년층에서도 인기가 높다.

코로나19의 상황에서 소비자들은 불안하다. 한 마디로 돈이 없기 때문이다. 현금이 없어 유동성 위기에 고생하는 기업처럼, 소비자들도 구매력을 크게 상실했다. 경제가 갑자기 나빠졌으니 전반적으로 소득 및 소비 수준이 내려가는 것은 당연한 결과다. 주머니 사정에 여유가 있는 호황 때의 소비자들은 최신 유행에 민감하게 반응하고 새로운 유행이 나타날 때마다 동조화된 소비 경향을 보인다. 그러나 코로나19와 같은 상황은 유행을 좇기보다 자신의 경제적 능력에 맞춰 원래 자신이 가진 개성에 충실한 소비 성향을 보인다. 이러한 소비 성향을 반영한 개념을 '퍼스낼리티personality 마케팅'이라고 한다.

코로나19 사태로 가장 큰 피해를 보고 있는 업종 중 하나가 바로 항공업계다. 모두가 적자지만 미국 델타항공은 최근 퍼스낼리티 디지털 마케팅을 적용하여 8개월 만에 판매액이 1,300만 달러, 한화로 약 154억 원이 늘면서 위기를 극복하고 있다. 신세계백화점의 경우 '핏' 서비스를 선보이며 인공지능 시스템을 활용해 퍼스낼리티 마케팅을 추진한다. 핏 서비스는 고객 개개인의 취향을 분석해 선호하는 브랜드를 파악하고 그에 맞는 쇼핑 정보를 모바일 앱을 통해 전달하는 방식이다.

퍼스낼리티 마케팅을 적용할 경우 다음과 같은 점에 유의해야 한다. 우선, 선택 가능한 사양을 모두 다 열거할 경우 소비자 입장에서도 선택이 곤란할뿐더러, 기업 입장에서도 관리와 운영이 복잡해지는 단점이 있다. 따라서 소비자의 입장에서 반드시 필요한 핵심 사양만을 제공하고 그 가운데에서 소비자가 선택할 수 있도록 하는 것이 효과적이다. 현대카드 대표로 취임한 정태영 부회장은 10년 만에 현대카드의 시장점유율을 1.7퍼센트에서 13.1퍼센트까지 큰 폭으로 성장시킨 인물이다. 그 역시 퍼스낼리디 마게팅의 중요성을 역설하는데 "브랜딩이란 집중적인 캐릭터 즉, 퍼스낼리티를 만드는 것이다. 하고 싶은 말을 다 하면 캐릭터를 놓쳐 결국 '노바디nobody'가 된다. 단기적인 캠페인 효과에만 집중하지 말고 한가지 단어나 이미지를 만들어서 2~3년 집중해야 한다."고 강조했다.

오랜 시간에 거쳐 고객과의 정서적인 유대 관계가 형성된 기존 제품과 브랜드들은 불확실성이 높은 현재의 위기 상황을 다룰 수 있는 기반이 된다. 따라서 코로나19 탓만 하지 말고 이럴 때일수록 사용자 경험을 향상시키고 고객들을 불편하게 만드는 요소를 제거하는 등 소비자의 심리를 반영한 브랜드 점검의 시간이 필요하다.

언택트의 길목에 서면
돼지도 하늘을 난다

샤오미의 창업자이자 '중국의 잡스'라 부르는 레이쥔雷軍이 말한 '태풍의 길목에 서면 돼지도 하늘을 난다.'는 국내에서도 꾸준히 회자되는 말이다. 코로나19와 같은 상황을 빗대면 '언택트의 길목에 서면 돼지도 하늘을 난다.'로 표현할 수 있겠다. 하나의 새로운 행동을 강제하지 않는 조건하에 66일간 지속했을 때 습관으로 자리 잡는 것으로 알려져 있는데, 반년 넘게 진행되는 코로나19로 인한 언택트는 분명 메가 트렌이고 마케터에게 기회가 될 수 있다.

코로나19 사태로 자리 잡은 언택트 소비문화에 급격한 성장세를 누리고 있는 대표적 기업은 아마존이다. 2020년 5월 20일 아마존의 주가는 사상 최고치를 기록했고, 임시 고용한 17만 5,000명 가운데 70퍼센트인 12만 5,000명을 정직원으로 고용했다.

아마존은 2016년 12월 미국 시애틀에서 무인매장 '아마존고 Amazon Go'를 오픈해 시범 운영했고, 일반 고객에게는 2018년 1월부터 서비스를 시작했다. 사실 세계 최초의 무인매장은 아마존이 아니라 중국 상해의 빙고박스BingoBox라는 프랜차이즈 업체가 먼저 시작했다.

우선 빙고박스의 기본적인 운영구조를 살펴보면 출입 방법은 아마존고와 비슷하지만 계산 과정은 좀 더 까다롭다. 매장은 24시간 가동되며, 소비자는 매장 출입구의 QR코드를 스캔하여 휴대폰으로 본인인증 절차를 거쳐 편의점으로 들어간다. 매장 내에서 상품을 골라 계산대에 두면, 모니터에 상품의 정보와 가격이 뜨고 전자결제 솔루션을 통해 휴대폰이나 신용카드로 결제하고 물건을 가지고 나가면 된다. 만일 계산되지 않은 상품이 인식되면, 출입문이 열리지 않고, 지시등과 음성안내로 계산을 하라는 메시지가 전달된다. 빙고박스의 무인편의점이 언론의 주목을 받게 되자 중국 전역에 쑤닝Suning, 타오 카페Tao Cafe 등 무인편의점이 우후죽순으로 생겨나기 시작했다.

하지만 중국 내 무인매장의 붐은 싸늘하게 식어가기 시작한다. 중국내 2위 전자상거래 업체인 징둥닷컴JD.COM은 무인편의점 점포를 5천여 개 확대한다는 계획을 세웠으나 6개월 만에 철회했고, 다른 점포들도 파산하거나 매장수를 축소 · 폐쇄했다.

도대체 무슨 문제가 있었던 걸까? 중국의 무인매장은 대부분 편의점인데, 편의점이라는 업종은 주수익원이 도시락, 간편 식품같은 신선식품이다. 1인 가구의 증가로 신선식품은 실적이 좋고 더구나 코로나19로 외부활동을 꺼리는 사회 분위기까지 조성되면서 그 비중은 꾸준히 늘고 있다. 일본 편의점의 경우 신선식품은 전체 매출의 30퍼센트 이상을 차지한다. 그런데 신선식품은 매장에 직원이 없으면 관리가 어렵기 때문에 중국의 무인편의점은 장기 보관이 가능한 가공식품, 스낵, 술과 음료수 등만을 판매했다. 무엇보다 문제는 가공식품은 이익률이 낮은데다 가공식품만 판매하다 보니 무인편의점이 거대한 자판기로 인식되면서 무인편의점 등장 초기에 참신함에 이끌렸던 많은 고객들이 등을 돌리게 되었다.

운영에도 문제가 있었다. 무인매장을 개장한 기업들은 대부분 리테일 경험이 없는 테크기업들로 고객의 편리성 증진보다 기술적 효율성과 관리의 편의성을 제고하는데 주력했다. 도난 방지, 안면인식, 무인결제 실현에 역량을 집중했고 제품의 파손이나 불량같은 고객 클레임에 대한 대응은 소홀하거나 지체하는 모습을 보여 고객의 외면을 자초했다.

중국 무인매장의 실패가 주는 교훈은 산업의 혁신은 기술력만으로 충분하지 않으며 업의 특성과 무엇보다 고객의 심리에 대한 온전한 이해가 병행되어야 한다. 이 교훈은 5차 산업혁명, 코로나20이 닥쳐도 변하지 않는 성공법칙이다.

머리빗 만드는 회사의 실화이다. 한 대기업에서 영업사원을 뽑을 때 입사 지원자들에게 수단과 방법을 가리지 말고 열흘 동안 스님들에게 각각 천 개의 빗을 팔고 오라는 과제를 내놓았다. 응시자 대부분은 포기하고 세 사람만 남았다. 열흘이 지나고 면접관은 첫 번째 응시자에게 물었다.

"얼마를 팔았습니까?"

"겨우 하나 팔았습니다."

첫 번째 응시자는 스님들에게서 온갖 욕설을 듣고 산을 내려오던 중 스님 한 분이 머리를 긁는 것을 보았다. 그 스님에게 머리를 긁어보라며 빗을 건넸다. 이것이 그가 판매한 단 하나의 빗이었다.

다음 두 번째 사람은 높은 산 위에 있는 큰 절로 갔다. 바람이 심하게 휘몰아치고 있어 참배객들마다 머리카락이 엉켜 있었다. "스님, 절에 빗을 갖춰 놓고 참배객들에게 사용하게 하면 어떨까요?" 이 말을 들은 스님은 빗 한 개를 놓고 가라고 했다. 그렇게 열 개의 절에서 열 개의 빗을 팔 수 있었다.

마지막 세 번째 응시자는 천 개의 빗을 모두 팔았다. 그는 사람들이 인산인해를 이루는 유명한 절을 찾아갔다. "스님, 참배하는 사람들은 모두가 경건한 마음으로 부처님을 모시고 있습니다. 이렇게 깊은 곳까지 찾아오시는 불자님들에게 기념선물을 드려 부적으로 삼게 하면 좋지 않겠습니까. 저에게 나무 빗이 있습니다. 거기에 스님의 필체로 선을 쌓는 빗이라는 뜻의 '적선소積善梳'라고 새겨 불자님들에게 선물하면 어떻겠습니까?"

이 말을 들은 주지 스님은 그 자리에서 천 개의 빗을 산 후 바로 그의 말대로 했다. 그랬더니 정말로 절을 찾아오는 사람들의 발길이 끊이지 않았다. 그러자 주지 스님은 그에게 여러 종류의 빗을 더 많이 주문했고 매년 '적선소' 납품을 부탁했다.

　스님에게 빗을 파는 이야기가 특별히 새로운 것은 아니다. 하지만 고객의 심리를 아는 것은 언제나 특별하다. 질병의 위협은 자신뿐만 아니라 사회 집단을 가혹한 기준으로 판단하고 외부인에 대한 불신도 더 키운다. 이럴 때일수록 변화되는 고객의 심리를 끊임없이 관찰하고 대응하는 것은 무엇보다 중요하다.

14

미안함보다
안전함이 낫다?

—— • ——

“감정이 인간을 지배할 때에는
이성은 손발을 쓸 수 없다.”

대니얼 골먼Daniel Goleman

덕분에
챌린지

#의료진 덕분에 #감사합니다
#당신을 존경합니다

#의료진 덕분에 #감사합니다
#자부심을 느낍니다

'덕분에 챌린지'는 코로나19 진료를 위해 혼신의 힘을 다하고 있는 의료진에 대한 고마움과 존경의 차원에서 시작된 국민 참여형 캠페인이다.

이 캠페인에 참여한 사람들은 각자의 개인 SNS에 '#덕분에캠페인, #덕분에챌린지, #의료진덕분에, #thankstochallenge 헤시태그'와 함께 사진을 업로드하였고, 2020년 5월 18일 기준 2만 4천여 명의 대한민국 국민이 캠페인에 참여했다. 대통령에서 국무총리, 지자체, 가수, 금메달리스트까지 참여하며 대국민 캠페인으로 발전했다. 그러나 국민의 관심은 여기까지였다.

153만 원, 인천 중소종합병원 3년차 간호사 통장에 찍힌 월급이다. 이 금액은 2020년 기준 최저임금 월 179만 5천 원보다 낮은 금액이다. 원래대로라면 세후 255만 원을 받아야 하는데 40퍼센트 깎인 금액이다. 목숨을 담보로 주말 없이 72일 연속 근무한 댓가로는 너무나 가혹한 월급이다. '덕분에 챌린지' 캠페인으로 인해 영웅이나 전사란 호칭을 듣게 되었는데 덕분에 대놓고 돈 애기도 못하는 상황이다.

그래도 그나마 몇 푼이라도 받는 사람은 사정이 좀 낫다. 대한간호사협회가 코로나19 처우 조사를 한 결과, 응답한 간호사 10명 중 7명이 무급휴직과 강제휴무를 경험했고, 적금을 깬 간호사도 적지 않았다. 이들이 이렇게 경제적으로 어려움을 겪는 이유는 선별진료소를 운영했던 안심 병원에 일반 환자나 외래환자가 감염을 두려워해 병원을 찾지 않기 때문이다. 선별진료소를 갖춘 병원은 전국 337곳 중 대학병원 등 상급종합병원을 제외하면 311곳이 경영난 가중으로 생존의 기로에 놓여 있다. 짐승도 자신의 목숨을 구해주면 그 은공을 아는데, 하물며 만물의 영장이라는 검은 머리를 가진 인간은 바이러스로부터 목숨을 구해주어도 은공을 갚기는커녕 도리어 헤치는 격이다.

공감의
배반

　　'공감empathy'은 대상을 알고 이해하거나, 대상이 느끼는 상황 또는 기분을 비슷하게 경험하는 심적 현상을 말한다. 다시 말해 다른 사람이 느끼고 생각하는 것을 경험하는 행위다. 희노애락을 함께 하며 다른 사람을 이해하는 공감의 능력에 대해서 나도 동의하고 필요성을 인정한다. 하지만 넓은 의미에서 공감을 '배려하고 사랑하고 선을 행하는 능력'이라고 정의하는데, 과연 우리 인간이 넓은 의미의 공감을 실천하고 있을까? 2만 4천여 명의 대한민국 국민이 '덕분에 챌린지' 캠페인을 통해 공감하면서 왜 의료진의 가난에 대해서는 침묵하고 있을까?

　　공감은 다양한 선행에 사용될 수 있다. 노예제도 반대, 동성애자 권익 수호, 흑인 인종차별 등 긍정적 변화의 기폭제 역할을 공감이 해주었다. 내가 이 책에서 주장하고 싶은 핵심은 공감을 부정하는

것이 아니라 '공감이 반드시 선한 행동으로 연결되는 것은 아니다.'
는 것이다.

영국의 생명윤리학자인 조너선 글로버Jonathan Glover는 나치 시대
독일에서 죽음의 수용소 인근에 살았던 한 여성의 이야기를 들려준
다. 그녀의 집에서는 잔혹한 행위를 쉽게 엿볼 수 있었다. 수용소에
서 수감된 사람들이 총에 맞은 채로 죽을 때까지 그대로 방치되곤
했다. 그녀는 억울하게 죽은 간 수감자들을 마음으로 위로하며 공
감을 아끼지 않았다. 참다못한 그녀는 편지를 썼다. "그러한 잔혹한
행위를 본의 아니게 목격한 사람입니다. 나는 병약한 사람이에요.
신경에 거슬리는 그런 광경을 계속 견뎌낼 자신이 없습니다. 그런
비인간적 행위들을 중단해주실 것을 요청합니다. 아니면 우리 집에
서 보이지 않는 곳에서 하시길 바랍니다."[26]

그녀는 수감자들의 암담한 현실을 보고 극한 고통과 아픔에 공
감했지만 거기에 자극을 받아 그들을 구하고 싶어 하지는 않았다.
그녀는 수감자들의 고통이 계속되더라도 자기 눈에 보이지만 않으
면 그것으로 만족했다. 한 여성의 심리적 현상으로 치부해버리기에
는 너무나 우리의 현실과 닮아있다. 우리는 돈을 구걸하며 고통을
호소하는 사람들과 마주치지 않으려고 일부러 길을 둘러가곤 한다.
그들의 힘든 삶에 공감하지만 고통 속에 있는 그 사람들이 신경 쓰
여서 마주치지 않으려 한다.

이와 비슷한 현상을 실험해보기 위해 모 글로벌 자선단체에서 아
프리카에 살고 있는 궁핍하고 가난한 아이들의 사진에 다음과 같

은 문구를 써서 잡지에 광고를 실었다. "당신은 하루 5백 원으로 아프고 빈곤에 처한 아이들을 살릴 수도 있고, 이 페이지를 그냥 넘길 수도 있습니다." 이 광고를 본 대부분의 사람들은 그냥 페이지를 넘겼다.

공감하기와 실행하기는 엄연히 다르다. 끼니조차 제대로 때우지 못하는 아이들, 종교적·인종적 박해를 받는 사람들, 적절한 의료 서비스를 받지 못하는 빈민들의 삶과 어려움에 공감하지만 그 사실이 사람들을 실제 행동하게 만든다는 보장이 되지 않는다. 공감의 유일한 결과가 간접적인 고통이라면, 공감은 타인을 돕게 하는 힘으로서 별로 쓸모가 없다. 2만 4천여 명의 대한민국 국민이 '덕분에 챌린지' 캠페인에 참여하며 적극적인 공감을 했지만 경제적 어려움에 처한 병원과 의료진에 대해서 회피하거나 침묵하는 것도 같은 맥락이다. 덴마크 오르후스 대학교의 레네 아로는 "바이러스가 창궐하는 상황에서의 행동 면역 체계는 '미안함보다는 안전함이 낫다.'는 논리하에 작동한다."고 말한다. 현재의 위협과 상관없는 주제를 듣고 나서 도덕적 의사결정이나 정치적 의견을 바꾸는 식이다. 타인의 삶을 개선하기 위해 애쓰는 것보다는 공감이 주는 고통을 없애는 편이 더 쉬운 법이다. 귀만 막으면 된다. 눈길만 돌리면 된다. 책장만 넘기면 된다. 침묵하면 된다.

앨리스라는 사랑스러운 8살짜리 소녀가 결함이 있는 백신을 접종한 탓에 심각한 질병에 걸렸다는 소식을 접했다고 상상해보자. 고통스러워하는 앨리스의 모습을 곁에서 지켜보고 앨리스와 그녀의 가족이 겪는 이야기를 듣는다면, 당신은 아마도 그들의 처지에 공감하게 될 것이고, 어떤 선한 행동을 하고 싶어질 것이다. 그런데 당장 예방접종을 중단하면 10여 명의 아이들이 무작위로 죽는다고 가정해보자.[27] 이 경우에 10명의 아이 중 한 명이 당신의 자녀라면 어떻게 하겠는가? 앨리스의 처지에 공감하지만 조용히 침묵을 지키게 될 것이다. 코로나19로 선별진료소를 갖춘 안심병원에 찾지 않는 이유는 뭘까? 당신 또는 당신의 자녀가 감염될 여지가 있기 때문이다. 그렇다면 당신은 지금 공감 능력이 아니라 다른 능력을 발휘하고 있는 것이다.

영국의 위대한 철학자인 데이비드 흄David Hume은 "이성은 열정의 노예다."는 말을 남겼다. 이성만이 공감 능력을 장려하는 데는 한계가 있고 공감 능력을 행동으로 옮기려면 일종의 자극이나 동기부여가 필요하다는 말이다. 조금 어려운 말인데 다음의 연구결과를 통해 이해해보자.

이성은 열정의
노예다

집이 없는 가족에게 집을 지어주는 해비타트 운동에 돈을 기부해달라고 사람들에게 요청했다.[28] 두 그룹으로 나눠서 진행이 되었는데, A그룹에게는 "집을 지어줄 가족을 선정했다."라고 했고, B그룹에는 "집을 지어줄 가족을 선정할 것이다."라고 말했다. 그외 나머지는 모두 동일한 조건이다. 미묘한 차이지만 결과에 차이가 생겼다. 사람들은 B그룹보다는 "집을 지어줄 가족을 선정했다."라는 A그룹에게 더 많은 돈을 기부했다. 추상적인 대안보다 좀 더 구체적인 대인이 사람들의 마음을 움직이게 한 결과다.

또 다른 연구에서는 인간이 한 사람의 고통에 반응하는 방식과 여러 사람의 고통에 반응하는 방식을 비교했다.[29] 세 그룹으로 나눠서 조사가 진행되었으며 다른 조건은 모두 동일하다.

A그룹 : "한 아이의 목숨을 살리는 약을 개발하려면 돈이 필요한데 얼마를 기부하겠는가?"

B그룹 : "8명의 아이들의 목숨을 살리는 약을 개발하려면 돈이 필요한데 얼마나 기부하겠는가?"

C그룹 : (목숨을 살릴 아이의 이름과 사진을 보여주고) "이 아이의 목숨을 살리는 약을 개발하려면 돈이 필요한데 얼마를 기부하겠는가?"

결과는 어떻게 되었을까? A그룹과 B그룹은 비슷한 액수를 기부하겠다고 말했다. 하지만 C그룹에서 아이의 이름과 사진을 보여주자 더 많은 사람들이 기부를 했다. '게임이론'의 대가이자 2005년 노벨경제학상을 받은 미국 경제학자 토머스 셸링Thomas Schelling은 이러한 현상을 '인식 가능한 희생자 효과identifiable victim effect'라고 했다. 인간은 단순히 도움을 주어야 할 대상자의 일정한 수에 대한 가치를 평가하기 어렵기 때문에 대상의 집단에서 발생되는 구호 대상자의 수를 가지고 가치를 평가하게 된다. 즉 1,000명의 고통보다 특정인인 1명의 고통이 더 중요하고 동기부여 된다고 생각한다. 소련의 정치가였던 이오시프 스탈린Joseph Stalin도 공감하며 다음과 같이 보다 직설적이고 자극적인 표현을 했다. "한 사람의 죽음은 비극이지만, 100만 명의 죽음은 통계일 뿐이다."

2020년 6월 22일 기준 코로나19로 인한 전 세계 사망자는 46만 명에 달한다. 이렇게 늘어나는 사망자 수를 보며 당신은 어떤 행동도 하지 않는다. 평소와 같은 시간에 일어나고 식사하고 술 마시고 편안한 침대에 잠을 청한다. 하지만 한 사람을 보면 행동한다. 인간은 개인에게 일어나는 하찮은 재난이 오히려 더 실질적인 불안을 초래한다. 만일 당신이 새끼발가락을 잃어야 한다면, 오늘 밤 당신은 잠을 이루지 못할 것이다. 그러나 본인과 직접 관련된 일이 아니라면, 설령 10억 명의 인류가 파멸하더라도 안심하고 코를 골며 잠들 것이다. 이타적 행동의 결정에 관한 한, 본인과 직접으로 관계되고, 숫자가 중요하다는 사실을 인지할 수 있다면 그것은 공감이 아니라 이성 때문이다.

대다수의 기후학자는 기후변화라는 심각한 위기에 처해있다고 한다. 이런 기후변화의 심각성에 대해 90퍼센트가 넘는 사람들이 공감한다. 그런데 앞서 언급한 것처럼 인간의 심리는 크게 개인적이고 하찮은 재난에 강하게 반응하는데, 기후변화는 이 중 어떤 자극도 유발하지 않는다. 엄청난 숫자의 전 세계적 위협이기 때문에 기후변화를 개인의 문제로 인식하지 않는 것이다. 공기청정기와 마스크를 사는 것으로 대체할 뿐이다.

공감의 개념으로 다시 돌아가보자. 넓은 의미에서 공감을 '배려하고 사랑하고 선을 행하는 능력'이라고 정의했다. 배려하고 사랑하나 선을 행하는 것은 결코 쉬운 일이 아니다. 이 글을 읽고 공감한 당신은 코로나19의 사망자가 늘어나도, 의료진들이 적자로 경영상 큰 타격을 입어도 안심하며 코를 골며 잠들 것이다. 적어도 '덕분에 챌린지'에는 참여했으니깐.

15

트럼프는 왜 마스크를 쓰지 않을까?

"우리들 행동반경의 태반을 차지하는 것은
양심이나 이성이 아니라 세상의 눈이다.
세상이란 우리들 주변에서
우리들을 평가하는 자들을 말한다."

헨리 해즐릿Henry Hazlitt

트럼프의 'NO 마스크',
속내는?

'내일부터 마스크를 쓰지 않는 사람은 전차를 탈 수 없다. 아버지가 가족들이 쓸 마스크 7개를 사러 나갔지만 3개밖에 구하지 못했다.' 미국 일간지 『USA 투데이』가 공개한 이 일기는 102년 전(1918년), 미국 시애틀에 살고 있었던 바이올렛 해리씨가 열다섯 살에 쓴 일기다. '스페인 독감'이라 불린 인플루엔자 바이러스$_{H1N1}$가 전 세계를 공포로 몰고 갔던 때였다. 5천만 명 정도의 목숨을 앗아가며 악명을 떨쳤던 이 바이러스의 확산 때부터 마스크는 감염병 예방의 선봉장으로 여겨졌다.[30] 이처럼 성인 손바닥 하나보다 클까 말까 한 마스크에는 예상보다 많은 의미가 감춰져 있다.

코로나19 시대를 살아가는 우리에게 마스크는 어떤 의미일까? 이제 생활필수품이 된 마스크는 자신을 보호하는 최소한의 장치를 넘어 타인을 보호하는 배려의 상징이지만, 논란과 불안의 또 다른 이름이기도 하다. 불안정한 수급은 '마스크 대란'을 일으켰고, 정부 권고는 의도치 않은 혼란을 부채질했다. 마스크 착용을 놓고도 써라, 마라 아직도 의견이 엇갈린다. 그럼에도 불구하고 안 쓰는 것, 환자만 쓰는 것, 모두가 쓰는 것 중 모두가 쓰는 것이 가장 감염 예방에 효과적이라는 중론에는 커다란 이견이 없다. 하지만, 이 와중에도 절대 마스크를 쓰지 않는 한 사람이 있다. 바로 도널드 트럼프 미국 대통령이다.

"마스크를 쓰지 않아도 됩니다. 저는 마스크를 쓸 거 같지 않네요."

건강한 일반인은 마스크를 쓸 필요가 없다는 입장을 고수해왔던 미국 보건당국이 일반(비의료용) 마스크 착용을 권고하는 새로운 지침을 발표했다. 이 새로운 지침은 미국에서 최소 27만 명의 확진자가 나오고 약 7,000명이 사망한 상황에서 나왔다. 그러나 정작 트럼프 대통령은 여전히 마스크 없이 공식 석상에 나서고 있다. 심지어 최측근 보좌진들의 잇따른 확진에 백악관 전체가 초비상이 걸렸는데도 말이다. 트럼프가 이렇게까지 고집스럽게 마스크를 거부하는 이유는 무엇일까?

첫째, 바이러스에 지지 않겠다는 모습을 보여주려는 의도로 보인다. 미국에서는 마스크가 '정치적 양극화의 상징'으로 변하고 있다. 마스크를 착용하면 바이러스 및 사회적 거리두기를 진지하게 받아들이는 것이고, 그렇지 않다면 바이러스를 부정하거나 도전해야 할 질병으로 바라보고 있다는 것이다. 게다가 백악관에 갇혀서 나오지 않거나 얼굴을 가린 대통령은 미국 사회에서 자신감 결여로 비춰질 수 있다는 해석도 있다. 이 때문에 트럼프는 전략적으로 바이러스에 도전하는 이미지를 선택한 것으로 볼 수 있다. 김정은 위원장의 '노 마스크' 행보도 같은 맥락이다. 최고지도자로서 자신의 강한 이미지를 고착시키고 코로나19를 충분히 이겨낼 수 있다는 신뢰를 줌과 동시에 북한 내 민심을 잡겠다는 속내다. 이런 면에서 이 둘은 참 닮았다.

출처 : 평양 노동신문

둘째, 트럼프는 코로나 사태로 인한 경기 침체를 빨리 회복해야 2020년 11월 대통령 선거에서 유리하다. 그러나 현재 미국은 8주간 실업수당 청구가 3,600만 건에 달할 정도로 경제적 타격이 심각하다. 계속되는 경제 악화로 재선에서 승리할 가능성이 줄어들자, 트럼프는 감염병 전문가들의 위험 경고를 무시한 채 '방역은 성공했고 경제 활동을 재개해도 된다.'는 입장을 고수하고 있다. 그런데 자신이 마스크를 쓰게 되면 이 말을 스스로 부정하는 꼴이 된다. 따라서 코로나 사태가 여전히 진행 중이라는 '상징'으로 여겨지는 마스크를 비판 여론이 쏟아짐에도 불구하고 끝까지 거부할 수밖에 없는 것이다.

셋째, 자신이 원하는 방향으로 코로나19 사태가 진전되지 않고 있는 상황에서 이런 엉뚱한 행동들로 언론과 대중의 관심을 묶어 두려는 목적도 깔려있다. 마스크 거부, 안전성이 검증되지 않은 말라리아 치료제인 하이드록시 클로로퀸 복용 등 트럼프가 비이성적인 행동을 할 때마다 큰 논란이 일고 언론과 대중의 관심이 집중되기 때문이다. 코로나19의 심각성을 부각시키는 CNN 등의 언론을 가짜뉴스라고 비난하는 것도 그래서다. 코로나 사태의 진짜 본질인 미국의 의료 시스템의 문제, 경제적 문제 등이 공론의 장에서 정작 논의해야 할 에너지가 트럼프의 이런 행동에 대해 논쟁을 벌이느라 허비되고 있는 셈이다.[31]

대통령도 안쓰는데
우리가 왜?

        코로나19 전염이 심화되면서 마스크를 쓰지 않은 사람들을 찾기가 더 어려워졌다. 맨 얼굴로 다녔다가 잠재적 전파자 취급을 당한 경험도 있을 것이다. 하지만 미국을 포함한 서구권 국가들에서는 여전히 마스크 없이 거리를 활보하는 사람들을 흔히 볼 수 있다. 똑같은 바이러스가 유행인데, 왜 나라마다 마스크 착용에 차이가 있을까?

    특히나 미국에서는 마스크 착용을 거부하거나 지키지 않는 사람들 때문에 갈등과 충돌이 끊이지 않고 있다. 미시간주의 한 쇼핑몰에서 경비원이 손님에게 마스크 착용을 요구했다가 총에 맞아 숨지는 사건이 발생하는가 하면, 시장이 상점이나 식당에 입장하려면 마스크를 써야 한다는 행정명령을 내렸다가 시민들의 거센 반발에 부딪쳐 하루 만에 철회하는 일도 생겼다. 이처럼 유독 미국인들이 마스크 착용에 거부감을 나타내는 이유는 크게 4가지를 꼽을 수 있다.

우선 마스크 착용이 개인의 자유를 침해하는 것으로 인식되는 경향이 있다. 임상 심리학자로 《감염병 유행의 심리학》을 쓴 스티븐 테일러Steven Taylor는 자유를 중요하게 여기는 이들은 타인이 어떤 행동을 요구할 때, 그 조치가 본인을 위하는 것이라 해도 자연스럽게 저항하게 된다고 설명했다. 실제로 마스크 거부 선언을 한 오하이오주의 니노 비틀리 주 하원의원은 "사람들이 스스로 원해서 마스크를 쓸 수는 있지만, 정부가 마스크 착용을 명령하는 것은 완전히 다른 이야기"라면서 "나에게 마스크를 쓰라고 강요해선 안 되고, 다른 많은 사람들도 그렇게 느끼고 있다."고 주장했다.

마스크 착용이 자신의 나약함을 드러내는 것이라고 생각하는 사람도 있다. 이들에게 마스크를 쓰는 것은 '겁을 먹었다.'고 말하는 것과 마찬가지인 거다. 때문에 전염성 강한 코로나19 바이러스가 유행하는 지금은 겁이 나고 공포를 느끼는 게 자연스러운 일인데도 이를 내보이지 않으려고 마스크를 쓰지 않는다는 것이다. 이런 인식을 하는 사람들 중 다수가 트럼프 지지자들이기도 하며 트럼프 자신도 이런 인식을 갖고 있는 것으로 보인다.

마스크 착용을 꺼리는 데는 범죄자나 환자로 인식하는 경향에서 비롯된 면도 있다. 테러의 위험을 상대적으로 가깝게 느끼고 있는 미국인들은 마스크를 쓰는 사람을 아주 위협적인 존재로 여긴다. 게다가 총기 소지가 법적으로 허용되고 있기 때문에 마스크를 쓴 사람이 범죄를 저지를 수 있다고 생각한다. 이처럼 공공장소에서 얼굴을 가리는 것은 뭔가 떳떳하지 못한 사람이거나, 몸이 아픈 사람이라는 인식이 깊이 박혀 있기 때문에 마스크를 쓰고 바깥에 나가는 행위를 무척 불편하게 느끼는 경우가 많다는 것이다.

미국 정부 당국의 혼란스러운 마스크 관련 지침이 거부감을 키웠다는 분석도 있다. 미국 질병통제예방센터CDC는 건강한 사람은 마스크를 쓰지 않아도 된다는 권고를 유지하다가 코로나19에 감염됐지만 한참 동안 증상이 나타나지 않은 이른바 무증상 환자들이 바이러스를 전파할 수 있다는 우려가 제기되자 마스크 착용을 권고했다. 의학분야 국제학술지 '랜싯Lancet'에 게재된 마스크 관련 논문을 살펴보면 미 보건당국이 마스크 착용에 이토록 소극적이었던 이유 중에 하나로 '공급부족 우려'를 꼽았다. 즉 마스크 확보가 어려워진 보건당국이 책임론에서 벗어나기 위한 일종의 꼼수였던 것이다.

문제는 이미 세계에서 가장 많은 코로나19 환자와 사망자가 나온 미국에서 마스크 착용을 거부하는 사람들이 여전히 존재할수록 코로나19 확산 가능성은 상존한다는 것이다.[32] 감염병 사태가 악화한다면 관습도 변할 수 있을까? 자발적인 참여를 독려할 수 있는 묘수가 나오길 바랄 뿐이다.

올여름은 사상 최고의 더위를 기록할 것이라는 예보가 있었다. 기온이 낮은 평상시에도 마스크를 착용하고 생활하기가 만만치 않은데 더운 여름에 마스크를 착용하고 생활해야 한다는 것이 쉽지는 않을 것이다. 그래서인지 요즘 마스크를 쓰지 않는 채 다니는 사람들이 부쩍 많아졌다. 마스크를 쓰지 않는 사람들이 많아지는 것을 보며 나도 쓰지 않아도 되지 않을까 생각하는 사람들이 늘지 않기를 또한 간절히 바란다. '방역전선'은 일종의 둑 같은 것이어서 무너진다면 그 피해는 우리 모두의 몫이 될 것이니 말이다.

프랑스 작가이자 철학자인 알베르 카뮈Albert Camus가 쓴《페스트La Peste》라는 소설이 있다. 이 소설은 전염병이 만든 세상의 부조리와, 이에 무릎 꿇지 않고 자신의 길을 걸어가는 사람들의 이야기를 그리고 있다. 소설의 마지막 부분에는 의사 리유와 기자 랑베르의 대화가 나온다. 의사 리유는 이렇게 말한다. "이 모든 일은 영웅주의와는 관계가 없습니다. 그것은 단지 성실성의 문제입니다. 아마 비웃음을 자아낼 만한 생각일지도 모르나, 페스트와 싸우는 유일한 방법은 성실성입니다."

"그럼 성실성이란 대체 뭐지요?"라고 랑베르가 되묻자, 의사 리유는 이렇게 답한다.

"내 경우로 말하면, 그것은 자기가 맡은 직분을 완수하는 것이라고 알고 있습니다."

전례없는 팬데믹은 우리 모두에게 하나의 물음을 던진다. '코로나19의 팬데믹에 맞서 우리는 자신의 직분을 완수하고 있는가?' 내 경우로 말하면, 피치 못한 사정이 있는 것이 아니라면 마스크를 꼭 쓰고 다닌다. 이것이 하루가 다르게 날이 더워지고 있는데도 불구하고 불편함을 감수하며 자신과 타인을 지키기 위해 마스크를 쓰고 다니는 수많은 보통 사람들, 특히 하루 종일 끼니를 거르며 방호복까지 입고 환자를 돌보는 의료진들, 불특정 다수를 상대해야 해서 더위와 답답함에 시달리면서도 마스크를 종일 벗을 수 없는 분들에 대한 최소한의 성실성이 아닐까 싶다.

16

코로나는
거짓말을 먹고
산다

"거짓말하는 사람은
얼마나 큰일을 저질렀는지 모를 테다.
그 거짓말 하나를 지키기 위해
스무 번은 더 거짓말을 해야 한다."

알렉산더 포프Alexander Pope

거짓말의
세계

　　끝이 보이는가 싶은 순간이 있었다. 그러나 잠깐의 안도
는 이태원 클럽발發 전파가 다시 시작되면서 더 큰 긴장과 타격을
안겨줬다. 특히 신분과 동선을 속인 인천 학원강사로 인해 사태가
눈덩이처럼 불어나는 모양새다. 학원강사 A씨는 황금연휴 기간이
던 5월 초 이태원 클럽에 갔다가 확진 판정을 받았다. A씨는 기초
역학조사 당시 직업을 묻는 조사관의 질문에 "무직"이라고 답했다.
그의 진술이 정확하지 않다고 판단한 방역당국은 경찰에 휴대전화
위치정보GPS 조회를 요청했고, 사흘 뒤 비로소 신분과 동선이 밝혀
지며 거짓말이 속속 드러났다.

　　"지난 6일 오후 6시에 귀가했다."고 주장했지만 당일 오후 7시부
터 11시까지 학원에서 마스크도 쓰지 않은 채 아이들을 가르쳤고,
다음 날엔 한 가정집에서 과외도 하고 택시도 탔다. 또 서울에 있는

주점 3개소를 방문한 것도 위치정보 조회를 통해 뒤늦게 확인됐다.

A씨가 내뱉은 거짓말의 대가는 컸다. 최초 감염된 학원 수강생들이 확진자와 접촉한 사실을 모른 채 교회, 코인노래방, 체육시설 등을 방문하며 지역사회를 활보했고 또 다른 접촉자들을 만들어냈다. 이로 인해 인천에서만 8,500명이 진단검사를 받았으며 현재로선 'N차 감염'이 어디까지 이어질지 가늠할 수 없는 상황이다.

돌아보면 그간 역학조사에서 거짓말을 한 이들은 한 둘이 아니었다. 유흥업소 근무 사실을 숨기고 "프리랜서"라고 거짓말한 종업원, 자가격리해왔다고 진술했지만 10일 넘게 피부숍을 운영하고 예배 참석 사실도 숨긴 신천지 신도, 대구 거주 사실을 숨긴 채 입원했다가 병원 폐쇄는 물론 지역 상권까지 초토화시킨 70대 환자까지. 확진자의 '거짓말 한마디'에 모든 것이 물거품이 돼버리는 상황에 힘이 빠진다.

이들은 왜 거짓말을 했을까? 학원강사 A씨의 경우 현재 대학 4학년으로 졸업을 앞둔 상황에서 취업에 불이익이 생길까 봐 거짓말을 한 것으로 전해졌다. 마찬가지로 다른 사례들도 결국은 불이익을 우려한 이기적인 태도 때문이었다. 하지만 그것만으로는 석연치 않은 구석이 많다. 어차피 들통날 일을 눈 가리고 아웅하듯 거짓말까지 해가며 이런 엄청난 비난을 받고 있는지, 불이익을 우려했다면 더더욱 그 숱한 거짓말이 낳은 비싼 대가를 고스란히 치르는 경우를 꽤나 보고 들었을 텐데 말이다. 위기에 몰리면 '거짓말'이라는 도구로 탈출구를 찾는 게 본능인 것일까. 온 나라가 거짓말에 치를 떨고 있는 요즘, 나와 다른 사람의 거짓말에 대해 좀 더 솔직하게 들여다볼 필요가 있다.

"전혀 사실이 아닙니다."
"검찰에서 모든 진실이 밝혀질 것입니다."

한국사회에서 가장 흔하게 볼 수 있는 장면 중 하나다. 바로 검찰 조사를 받으러 들어가는 피의자들이 한결같이 자신의 혐의를 부인하는 모습이다. 그나마 나은 경우엔, "어떻든지 간에 국민들께 심려를 끼쳐 드려 죄송합니다." 정도다. 이 말 역시 자신이 잘못한 것은 없지만, 국민적 관심사가 된 만큼 소란을 일으켜 미안하게 생각한다는 의미에 불과하다. 대놓고 거짓말하는 정치나 연예인, 그리고 앞서 본 확진자들의 사례를 보며 어떻게 저리도 뻔뻔할 수 있느냐고 묻는다면 한 마디로 대답할 수 있다.

'자기정당화self-justification'다.

잘못을 저지를 수 있는 인간이기에, 그들, 아니 우리들 대부분은 자신을 정당화하고, 해롭거나 부도덕하거나 어리석은 행동에 대한 책임을 회피하고자 하는 충동을 가지고 있다. 우리가 지지른 과오의 결과가 사소하든 중대하든 "내가 틀렸다. 내가 끔찍한 잘못을 저질렀다."고 말하기는 결코 쉽지 않다. 게다가 결과를 되돌릴 수 있는 가능성이 낮을수록 어려움 또한 커진다. 바로 그 때문에 '빼박' 증거 앞에서도 자신의 행위를 정당화하기 위해 여러 거짓말 전략을 이용한다. 대표적인 세 가지 거짓말 전략을 살펴보자.

당연히 첫 번째 전략은 자기가 나쁜 일을 전혀 하지 않았다고 말하는 것이다. "무직이다.", "예배 안갔다. 자율격리했다.", "대구 거주자 아니다." 자신이 부도덕하다거나 처음부터 나쁜 의도가 있었다고 인정하는 사람은 극소수에 불과하다. 거짓말이 진실을 말하는 것보다 어려운데도 굳이 말도 안되는 거짓말을 늘어놓는 건, 발각되었을 때의 부담보다는 거짓말로 얻어지는 단기적 보상만을 생각하기 때문이다. 지금 당장 내가 한 거짓말을 상대가 눈치채지 못하고 넘어갈 때 얻게 되는 보상을 크게 느끼며 정당화시키는 것이다. 거짓말과 허위가 난무한다는 것은 우리 사회가 단기적인 보상을 얻기에 적합한 환경임을 반증하는 것이다.

두 번째는 어쩔 수 없는 상황에 몰리면 마지못해 실수는 인정하지만 책임은 지지 않는 전략이다. 이때 유체이탈 화법이나 수동태로 말하는 신공을 발휘한다.

"졸업이나 취업을 못할까봐…", "신천지 교인으로 낙인 찍힐까봐…"

"대구에서 왔다는 이유로 진료 거부를 당한 적이 있어서…"

이런 식으로 책임을 회피하는 것은 물론, 실수가 저질러진 것 또한 탓할 누군가, 무언가에 의해서라고 둘러대는 식이다.

가수 김재중도 그랬다. 본인 SNS에 '코로나19에 걸렸다.'고 글을 올렸다가 이슈가 되자, 얼마 지나지 않아 '만우절 농담'임을 밝혔다. 만우절을 명분으로 뱉어낸 도 넘은 거짓말에 비난이 봇물 터지듯 쏟아졌고 처벌을 요구하는 국민청원까지 올라왔다. 그 와중에 더 큰 공분을 자아낸 건 그의 사과문이었다.

"해서는 안 될 행동이지만, 경각심을 가졌으면 하는 마음에서…" 라고 거짓말에 대한 이유를 강조했다. 여전히 좋은 의도였다는 걸 강조하며 최악의 방법을 선택한 것에 대해 거듭 해명하는 모습은 실망감을 더했다. 자기정당화에 빠져있으니 후폭풍을 슬기롭게 대처하지 못할 수밖에 없지 않겠나.

세 번째 전략은 자기중심적으로 기억을 왜곡하거나, 과장하거나, 되도록 그 사건에 대한 기억을 지워버리려 애쓰는 것이다. 자신의 책임을 받아들였든 아니든 죄책감을 없애기에 급급하여 관심 밖으로 밀어낼 뿐이다. 이러한 기억의 자기정당화 메커니즘은 옳고 싶은 희망에 의해, 실패나 나쁜 결정을 변명할 필요성에 의해, 현재의 문제들에 대한 설명을 (되도록 안전하게 과거에서) 찾을 필요성에 의해 동기화될 때 더욱 강력하다.

예를 들면, 이런 일이 있었다. 만취한 상태에서 아내를 때려 숨지게 한 뒤 경찰에 직접 신고까지 한 50대 남성이 경찰 진술에서 "난 살해한 기억이 없다."고 부인한 것이다. 그를 조사한 경찰은 "증거와 맞지 않고 앞뒤기 안 맞는데도 마치 사실인 것처럼 일관되게 진술했다."고 말했다. 일부 시간대나 특정 상황만 떼어내 마음대로 기억을 편집한 뒤 진실로 믿어버리는 기억 왜곡 현상을 보인 것이다.

범죄 같은 중대한 사건에서부터 일상의 소소한 일들에 이르기까지, 기억이 자기중심적으로 왜곡되는 방식은 여러 가지다. 코로나

19 확진자들은 접촉자나 동선 범위를 실제보다 적게 기억한다. 남녀 모두 성관계를 가진 상대의 수를 실제보다 적게 기억하며, 자신의 아이들이 실제보다 더 일찍 걷고 말하기 시작한 것으로 기억한다. 또한 기부금을 실제보다 더 많이 낸 것으로 기억하며, 투표하지 않은 선거에서 투표했다고 기억한다. 바로 이 때문에 기억 연구자들은 니체의 다음 말을 즐겨 인용한다. "내 기억이 '내가 그것을 했다.'라고 말한다. 내 자존심은 '내가 그것을 했을 리가 없다.'라고 말하며 요지부동이다. 결국 기억이 굴복한다."

기억은 인간이 자기 자신을 규정하는 가장 중요한 요소일 것이다. 허위 기억에 의지하면, 우리는 자신을 용서하고 자신의 과실을 정당화할 수는 있겠지만 때로 인생이 송두리째 흔들릴 수 있다. 따라서 과거를 이용해 현재의 문제를 정당화하고자 하는 충동에 더 이상 집착하지 않도록 자신을 다잡을 필요가 있다. 우리의 삶을 정당화하기 위해 어떤 기억을 택할지에 대해서도 신중해야 한다는 것이다. 일단 택하고 나면 그것에 의지해 살아야 할 것이기 때문이다.

선택의
피라미드

다시 원점으로 돌아가보자. 처음부터 엄청난 거짓말을 하는 사람은 드물다. 특정 방향을 향한 첫걸음, 모든 시작은 그렇게 된다. 그리하여 피라미드 꼭대기에서 어느 한쪽 사면으로 내려가기로 작정하면, 결국 맨 밑바닥까지 내려왔을 땐 그 선택에 집착함으로써 원래의 의도나 원칙으로부터 동떨어지게 되는 것이다.[33]

예를 들어, 태도와 능력, 그리고 심리적 건강 면에서 똑같은 두 대학생이 있다고 가정해보자. 이들은 시험에서의 부정행위에 대한 인식이 똑같이 중간적이다. 그것이 좋은 일은 아니지만 세상에는 그보다 더 나쁜 범죄가 있다고 생각하는 것이다. 이 두 사람은 1학기 중간고사를 온라인으로 치르는 중이다. 어렵게 나온 문제들 앞에 아무것도 생각나지 않는다. '이번 시험은 망했구나' 싶은 순간, 부정행위의 유혹이 고개를 든다. 메신저로 친구들과 의논해서 풀거나 인터넷 검색으로 답을 찾는 것이다. 고뇌 끝에 한 사람은 굴복하고 한 사람은 그래도 버틴다. 두 사람은 대가를 치르고 각기 중요한 것을 얻게 된다. 한 사람은 좋은 학점을 위해 정직성을 포기했고, 다른 한 사람은 정직성을 지키기 위해 좋은 학점을 포기한 것이다.

자 이제 생각해보자. 며칠 뒤 그들은 부정행위에 대해 어떻게 생각할까? 각자 자신이 취한 선택에 정당화할 충분한 시간이 흘렀다. 유혹에 굴복한 학생은 부정행위를 대수롭지 않게 넘길 것이다. 그는 자신에게 "모두들 하는 거라고. 그게 뭐 대수라고. 내 학점을 위해서는 어쩔 수 없었어"라고 말할 테지만, 유혹을 이긴 학생은 부정행위를 평소 생각했던 것보다 훨씬 더 부도덕하게 여기며 강력히 처벌해야 한다고 생각할 것이다. 이것은 마치 두 사람이 피라미드 꼭대기의 1밀리미터도 떨어지지 않는 상태에서 출발했지만, 각자의 개인적 행위를 정당화하는 작업이 끝났을 때는 피라미드의 사면을 타고 내려와 정반대 쪽 기반에 서 있는 것과 같다.

"'정직한 호구'가 될 것인가, 학점을 위해 부정행위를 하는 '비겁한 인간'이 될 것인가를 고민하는 사람들이 여럿 보인다."
"다 같이 모여서 시험 본 애들을 발견했다. 너무 싫다."
실제로 언택트 사회가 일반화되면서 최근 온라인으로 치러진 각 대학 시험에서 부정행위가 있었던 것으로 속속 확인되고 있다. 이는 부정행위에 가담하지 않은 학생들의 제보로 알려지게 됐다. 특히 인하대 의과대학 학생들의 경우 1 · 2학년 학생 109명 중 무려

91명이 부정행위를 한 것으로 드러났다. 부정행위자들의 시험 점수가 '0점' 처리되긴 했지만, 그럼에도 부정행위를 하지 않은 학생들이 계속 피해를 보는 분위기라는 비난이 적잖다. 비대면으로 충분히 가능했을 평가를 부정행위자들 때문에 대면 방식으로 치르게 됐다는 하소연도 나왔다. 반면 부정행위가 당연하다는 반응을 보이거나, 시험을 추진한 학교 측이 오히려 문제라는 식으로 책임을 전가하는 경우도 있었다. 이들은 이미 피라미드 양 극단에 서 있는 듯하다.

실수하지 않고 살 수 있는 사람은 아무도 없다. 그리고 그 실수에서 교훈을 얻어야 한다고 하지만, 실수한 사실부터 인정하지 않는다면 어떻게 교훈을 얻을 수 있겠는가. 다행히 우리는 이 메커니즘의 작동원리를 이해함으로써 자기정당화를 미연에 방지하거나 멈출 수 있다. 이해는 변화와 구제를 위한 첫걸음이기 때문이다. 그리고 이것이 이 글을 쓴 이유이기도 하다.

거짓말이 인류의 역사만큼 오래되었지만, 지금처럼 대놓고 교묘하게 거짓말을 하고 그 반대편에서는 거짓말의 진의를 드러내고자 노력하는 시대는 없었다. 진실과 거짓의 경계 역시 모호한 지금, 결국 솔직함과 진정성이 모든 문제를 푸는 열쇠가 될 것이다. 거짓말이 난무하는 사회에서 사람들은 판단력이 흐려지고 서로 협력하지 않는다. 신뢰 자체가 성립하지 않는다고 믿게 만드는 것보다 더 거짓말다운 거짓말은 없을 것이다.

쉽게 하는 거짓말이 우리의 성격을 바꾸고, 우리 사회까지 병들게 할 수 있음을 명심해야 한다. 거짓말이 관습이 되고 문화가 되는 사회에서 살기를 바라는가? 그렇지 않다면 나와 다른 사람의 거짓말에 좀 더 단호해질 필요가 있다.

17

코로나19 앞에
가난은 죄였다

"재난은 사람을 차별하지 않는다는 영원한 허상을
버려라. 그리고 재난은 모든 걸 '사회적으로
평등하게 쓸어간다.'는 생각도 버려라.
전염병은 쫓겨나서 위험 속에서
생계를 꾸려야 하는 사람들을 집중 공격한다."

하인 머레이|Hein Murray

코로나로 드러난
'신카스트제'

코로나19는 누구에게나 공평한 것처럼 보였다. 영국의 보리스 존슨Boris Johnson 총리도 주요국 정상 가운데 처음으로 코로나에 감염됐다. 엘리자베스 2세 여왕의 장남이자 후계 서열 1위인 찰스 윈저Charles Windsor 황태자도 양성 판정을 받았다. 그렇게 계층과 빈부를 가리지 않고 인류를 공격하는 듯 보였다. 그러나 사태가 장기화되고 봉쇄령 같은 극약처방이 잇따르면서 코로나19는 경제적 불평등 문제를 수면 위로 끌어올렸다. 바이러스 앞에 모두가 평등하다는 말은 환상이거나 착각일뿐이었다.

"밤낮을 가리지 않고 걸었어요. 달리 무슨 방도가 있었겠습니까? 돈도 없었고 먹을 것도 거의 없었어요."

인도 정부가 코로나19 확산에 대응하기 위해 21일간 국가봉쇄령을 내린 가운데 지방 출신 노동자들이 고향으로 돌아가기 위해 수도 뉴델리 인근 가지아바드의 시외버스 정류장에 몰려들고 있다.

이는 단 한 사람의 이야기가 아니다. 인도 전체에서 수백만 명의 노동자들이 봉쇄된 도시를 떠나 고향으로 걸어서 이동하고 있다. 이들은 도시에서 경비원, 청소부, 인력거꾼(릭샤), 거리상인, 날품팔이 같은 일을 하는 일용직이다. 1억 명가량으로 추산되는 이 비공식informal 노동자들은 고향의 가난을 탈출해 도시로 왔고, 보다 나은 삶을 꿈꾸며 도시 빈민가의 조악한 환경에서 산다.

2020년 3월 25일, 코로나19 확산 우려에 내려진 인도 정부의 전국 봉쇄령은 이들을 하루 아침에 난민으로 만들었다. 일하던 곳이 폐쇄됐고 임금을 주던 사람들은 사라졌다. 일자리를 잃은 노동자들은 '도시에서 굶어 죽느니 고향으로 돌아가겠다.'며 도시 탈출에 나섰다.[34] 집세와 생필품 가격이 비싼 도시에서 3주 이상 지내기에는 너무나 큰 부담이 따르기 때문이다. 모든 도로와 철도, 항공편이 막히는 바람에 어쩔 도리가 없어 고향까지 수백 킬로미터를 발이 부르트도록 걸어가고 있는 상황이다. 마치 피난길 같은 도로를 한걸음, 한걸음 걸어가는 이들에게 진정 무서운 것은 바이러스보다 앞으로 견뎌야 할 굶주림과 가난일 것이다.

가난한 나라들만의 이야기가 아니다. 인도와는 상황이 다르지만 미국에서도 저소득층은 빈곤과 사투를 벌이고 있다. 특히 마트·식료품점 점원이나 배달원처럼 봉쇄사회의 일상을 돌아가게 해주는 이들은 생계를 위해 감염 위험을 무릅쓰고 출근해야 한다. 실직, 무급휴직에 처하지 않으면 그나마 다행이다.

반면 '화이트칼라' 노동자 중에서도 초고소득층은 인구밀도가 높은 도심을 떠나 교외 별장이나 외딴 섬으로 피신한다. 수영장과 체육관 등이 딸린 호화 벙커를 짓는 일도 유행처럼 번지고 있다. 건강에 조금이라도 문제가 생기면 8만 달러, 한화로 9,760만 원짜리 민간보험으로 코로나19 검사와 치료를 해결한다. 결론은 부자들의 일상은 코로나19 전이나 후나 크게 달라지지 않았다는 거다.

바이러스에 대응하는 방식을 통해 빈부격차의 단층이 극명하게 드리나자 '고로나가스트' 제도라는 말까지 나왔다. 경제력 격차는 의료 접근권의 차이, 종국에는 생명권 격차로 이어진다. 우리도 콜센터나 물류센터 집단감염 사태를 비롯해 임시직 등 고용이 불안정한 직군이나 영세 사업장 등 '약한 고리'부터 직격탄을 맞고 있다. 코로나19에 의한 경제 충격은 이제부터 본격화된다는 점이다.

가난은 당신의
뇌도 바꾼다

영화 기생충에서 기택(송강호)은 말한다. "절대 실패하지 않는 계획이 뭔 줄 아니? 무계획이야, 무계획, 노 플랜, 왜냐? 계획을 하면 반드시 계획대로 안되거든. 인생이."

사람들은 미래를 계획한다. 하지만 모든 일이 계획대로 진행되는 것은 아니다. 코로나19가 덮친 것도 계획에 없던 일들 중 하나다. 우리가 가지고 있는 심리적 자원의 양은 제한적이라 하나를 해결하기 위해 심리적 자원을 소모하면, 다른 하나를 해결하기 위해 쓸 수 있는 심리적 자원은 부족해진다. 코로나카스트 속 당장 먹고 사는 문제부터 해결해야 하는 이들에게 미래를 계획할 수 있는 심리적 자원이 남아있을 리가 없는 것이다.

코로나19와 같은 큰 스트레스가 아니더라도, 부자들에게 전혀 문제가 되지 않는 고민이 가난한 사람들에게는 스트레스가 될 수 있다. 한 연구에서는 자동차가 고장이 났는데 수리비가 150만 원이 나왔을 때, 이 비용을 어떻게 처리할 것인지를 물었다. 실험 참가자로 하여금 문제를 해결할 때 자신의 소득 수준이 영향을 미치게끔 한 것이다. 참가자들은 자동차 수리비 지출과 관련된 의사결정을 한 다음 유동성 지능검사를 받았다. '유동성 지능fluid intelligence'은 새로운 환경에서의 적응력과 판단력, 그리고 논리력과 관련된 지능이다.

결과는 어땠을까. 소득이 높은 사람일수록 수리비에 대한 고민을 해도 지능검사 점수는 달라지지 않았다. 하지만 소득이 낮은 사람들은 수리비 걱정 후에 지능검사 점수가 낮아진 것으로 나타났다. 돈을 어떻게 구할지, 아니면 수리하지 않고 당분간 차를 그냥 운행할지 등 돈이 부족한 문제를 해결하려다 보니 스트레스를 받으면서 뇌가 과부화되니까 인지기능이 떨어지게 된 것이다. 인도의 사탕수수 농부들을 대상으로 한 연구에서도, 사탕수수 대금이 입금되지 않아서 경제적인 걱정이 심했던 빈곤기에는 농부들의 유동성 지능지수 점수가 떨어지는 것으로 나타났다.

암울한 이야기이지만 '소득수준이 뇌 구조를 변화시키는 데 영향을 미칠 것이다.'는 가설은 뇌를 연구하는 학자들 사이에서 사실상 통설로 받아들여지고 있다. 가난이 뇌 기능을 떨어뜨리는 절대적 역할을 하는 건 아니지만, 가난이 스트레스에 취약하게 만들기 때문에 뇌의 특정 부위 기능을 떨어뜨릴 수 있다는 것을 부정하기 어렵다는 것이다.

수면 연구와 비교했을 때의 결과 역시 암울하다. 경제적 걱정 때문에 발생하는 지능지수 점수의 감소 정도는 하룻밤 수면을 박탈했을 때와 맞먹는 크기인 것으로 나타났다. 경제적인 걱정을 하면서 살아간다는 것은 밤에 잠을 한숨도 자지 못하고 생활하는 것과 유사한 정도의 크기로 우리의 마음을 피곤하게 만든다는 얘기다.[35]

코로나19 장기화로 얼마나 많은 이들이 피로해진 마음을 안고 살아갈까. 바이러스보다 무서운 밥벌이의 고단함 앞에 정부가 외치는 '아프면 3~4일 집에서 쉬기'의 실천이 공허하게 울려 퍼질 뿐이다.

가난 대물림을
키우는 코로나

코로나19 확산으로 각급 학교가 문을 닫으면서 자라나는 아이들에게 미치는 충격파도 크다. 이번 사태로 가난의 대물림 구조가 더욱 강화되는 것 아니냐는 우려가 나오는 이유다. 유엔 보고서에 따르면 학교 급식에 의존했던 143개국 3억 6천 900만 명의 학생이 당장 끼니 걱정을 해야 한다. 뉴욕시만 해도 약 75만 명의 빈곤층 학생이 있는데, 빌 더블라지오Bill de Blasio 뉴욕시장은 2020년 3월 휴교 결정을 주저하면서 "끼니를 학교에서 해결하는 학생이 너무 많다."는 이유를 들기도 했다. 한국도 개학 연기로 식사 해결이 곤란해진 학생이 전국에 35만 7천여 명이나 된다.

취약계층 아이들은 온라인 수업을 따라가는 데에도 버거움을 느낀다. 집에 아예 컴퓨터가 없거나 있다 해도 인터넷을 사용할 수 없는 환경인 경우가 많다. 이 온라인 수업 때문에 14살 소녀가 죽겠다고 엄마의 약을 삼킨 일까지 벌어졌다. 소녀가 먹은 약은 정신질환을 앓고 있는 그녀의 어머니가 매일 먹는 약이었다.

허난성 덩저우에 사는 이 소녀의 아버지는 구두 수선으로 생계를 꾸렸고 어머니는 정신질환이 있어 직업이 없었다. 소녀에게는 고등학교 1학년 언니와 초등학교 6학년 남동생이 있다. 코로나19는 개학을 온라인 수업으로 대체시켰고 스마트폰 한 대로 세 남매가 듣다보니 시간이 부족했다. 소녀는 어쩔 수 없이 수업을 빼먹었다. 선생님과 친구들이 왜 수업을 안듣냐고 묻는데 대답하기 싫었다. 죽고 싶은 마음이 들어 엄마의 약을 삼켰다. 가족들이 약을 먹고 쓰러진 소녀를 발견하고 병원으로 옮겼고 다행히 생명에는 지장이 없었다. 그러나 소녀가 숨기고 싶어 했던, 수업을 듣지 못한 이유는 모두가 알게 됐다.[36]

이런 상황에서 좌절은 일상이 된다. 자기 힘으로 고통스러운 환경을 바꿀 수 없다면, 삶의 질곡은 벗어날 수 없는 게 된다. 그저 낑낑대며 인내하고 참아야 할 뿐이다. 그래서일까. 실험사회심리학지에 실린 한 연구에 의하면 가난한 사람들은 부유한 사람들에 비해 불공정한 상황에도 더 잘 수긍하는 경향이 나타난다고 한다.

연구자들은 다음과 같은 게임을 하도록 했는데 규칙은 매우 간단하다. 한 사람에게 10만 원을 주고 그 돈을 자신과 파트너가 각각 얼마나 가질지 정해서 파트너에게 제안하게 한다. 예컨대 자신이 6만 원을 갖고 파트너에게 4만 원를 주기로 제안했는데 파트너가 수락하면 제안한 몫만큼 나눠 갖고, 만약 파트너가 거절하면 둘다 아무것도 갖지 못하는 식이다. 만약 제안하는 사람이 본인이 8만 원을 갖고 파트너에게는 2만 원을 제안한다면 이는 명백히 불공정한 제안이지만 한푼이 아쉬운 상황이라면 파트너는 이를 받아들일 것이다.

실제로 연구자들의 분석결과, 나이, 성별, 교육 수준, 인종과 상관없이 소득이 낮은 사람들이 소득이 높은 사람들에 비해 더 많이 불공정한 거래에 응하는 것으로 나타났다. 언뜻 생각해보면 상대적으로 많이 가진 부유한 사람들은 불공정한 거래에 타격이 덜하니 이를 크게 게의치 않을 것 같기도 하다. 하지만 실제로는 타격을 덜 받는 사람들은 불공정한 제안을 거부하는 반면, 타격을 더 크게 받을 수 있는 가난한 사람들은 이러한 거래에 응하는 모습을 보였다.

이러한 현상은 '나는 이런 대접을 받을만한 사람인가'라는 인식과 깊은 관련을 보인다. 즉 집안이 부유한 사람들은 가난한 사람들에 비해 자신은 부당한 대접을 받아서는 안되는 사람이라고 생각하며, 반대로 가난한 사람들은 자신은 부당한 대접을 받아도 어쩔 수 없다며 순응하게 될 수 있다는 것이다. 그리고 이러한 인식은 자신이 부유한 건 다 자신이 잘난 사람이기 때문이며 누군가가 가난한 건 다 그 사람이 못났기 때문이라는 상투적인 개념으로 이어져 불평등을 쉽게 정당화하게끔 부추긴다.[37]

"집 형편이 어려우면 너무 꿈을 크게 가지지 말아라."
충북 청주의 한 중학교 교장이 1, 2학년 학생 5백 명이 모인 조회 시간에 전한 훈사였다. 이 소식을 접하고 일부는 교장의 발언이 경솔했다는 반응을 보였다. 반면, "헛된 희망을 심어주는 것보다 저게 낫다."며 다소 불편하지만, 직설적인 조언이라는 의견도 많았다.

인도의 경제학자이자 노벨상 수상자인 아마르티아 쿠마르 센 Amartya Kumar sen에 따르면 가난은 단순히 돈이 부족한 상태가 아니라 한 인간이 자신의 잠재력을 온전히 실현할 가능성이 없는 상태를 뜻한다. 우리 사회가 가난한 사람에게 적합한 대우, 가난한 사람에게 적합한 꿈이 어디까지인지 명확한 선을 긋고 있는 것은 아닌지, 그래놓고는 아이들에게 가난은 부끄러운 게 아니니 꿋꿋이 이겨낼 수 있다고 설교하는 건 아닌지 생각해보게 된다.

18

제 말을
전적으로
믿으셔야 합니다

"똑같은 치료제라도 평판이 나쁜 의사보다
유명한 의사에게 처방받을 때 약효가 더 뛰어나다."

존 헤이가스John Haygarth

UNTACT

전문가의
귀환

　21세기 인터넷의 폭발은 누구나 '나름 전문가'로 만들었
다. 기술자, 법률가, 공학자, 경제학자들이 독점해 전문 교육과정 또
는 전문서를 통해서만 접할 수 있는 지식들이 인터넷으로 쏟아졌
다. 누구나 검색어를 넣고 클릭만 하면 원하는 정보를 별다른 수고
없이 얻을 수 있게 되었다. 이러한 일상의 변화는 집단지성을 낳았
고 전문 지식인의 자리를 밀어내는 '전문가의 몰락'을 가져왔다. 물
론 '모든 의견이 같이 존중받아야 한다.'는 평등의식의 일반화를 가
져온 것에 대해 부정하지 않는다.

　그런데 한 번도 경험해보지 못한 코로나19가 전 세계인의 생명을
앗아가는 상황에 이르자 사람들은 의료 전문가의 손에 매달렸고 그
들의 손과 입에 촉각을 세웠다. 의료뿐 아니라 통계 등 여타 과학 분
야 전문가도 부각되었다. 그들의 희생과 더불어 전문적 지식과 대

응이 코로나19 확산 저지에 결정적이었음을 지켜본 사람들은 전문가들을 이전과 다른 시각으로 보게 되었다. 이처럼 코로나19의 출현은 '전문가의 귀환'을 상징적으로 보여준다.

2020년 6월 8일 기준, 대만의 누적 확진자는 443명이고, 사망자는 6명이다. 한국의 누적 확진자 대비 3.8퍼센트, 사망자 대비 2.6퍼센트에 해당되는 수치다. 놀라울 정도로 효율적인 대응 결과다. 대만의 확진자 수, 사망자 수가 현저하게 낮은 이유가 뭘까? 대만은 가장 먼저 우한 폐렴 바이러스가 보고되자 일제히 자국의 폐렴 환자들에 대해 검진을 시작했다. 중국에 다녀왔느냐 아니냐가 아니라 폐렴 소견 환자들에 대한 전수 검사였다. 둘째, 즉시 항바이러스제와 해열제를 무료로 약국에서 나눠줬다. 코로나19 증상이든, 감기 증상이든 증상이 있는 대만 국민은 누구나 약국에서 항바이러스제와 해열제를 받을 수 있었다. 셋째, 수년간 묶어 놓은 최저임금으로 마스크 생산을 단기간에 크게 늘려 의료용 마스크를 대량 공급했다. 사스의 경험 때문에 충분한 마스크를 비축하고 있었고, 마스크에 대해 공급 통제가 아니라, 수요를 통제했다. 넷째, 정부가 투명하게 데이터를 신속히 공개했다. 이 부분은 중국이나 싱가포르가 유증자나 확진자 데이터를 제때 발표하지 않은 것과 비교된다. 2020년 6월 14일 기준 대만의 확진자는 무려 63일째 0명(해외유입 제외)이며, 코로나19 종식 선언을 앞두고 있다. 이 같은 대만의 선방은 의사와 과학자의 전문성을 우대한 덕분이다. 코로나19의 컨트롤 타워는 위생부장인 방역전문가 천스중陳時中이다. 대만의 위생부장은 한국의 보건복지부 장관에 해당되는 위치에 있는 사람이다. 행정학이나 경제학을 전공한 사람을 보건복지부 장관에 앉혀놓는 한국의 현실과 비교되는 대목이다. 이처럼 대만은 해당 분야의 전문가인 의사나 과학자의 신호cue와 조언을 중요하게 여기고 실사구시實事求是를 실천한다.

반면 미국은 어떠한가? 미국의 코로나19 확진자 수, 사망자 수는 전 세계 1위다. 여러 실패의 원인이 있지만 트럼프는 코로나19 전시戰時 대통령을 자처한다. 바이러스 예방 및 처방, 마스크 사용 유무, 데이터 공개 등 본인이 모두 관여한다. 코로나19는 전쟁과 같다. 바꿔말하면 전쟁은 리더십의 시험무대다. 제2차 세계대전 당시 승부처는 스탈린그라드 전투다. 소련 스탈린은 전문가를 지휘관으로 투입했다. 반면 독일의 히틀러는 전투의 세부사항까지 간섭했다. 당연히 군사 전문가들은 위축될 수밖에 없었고 독일은 참패했다.

이쯤 되면 의사나 과학자는 영웅을 넘어 신격화된다. 신이 할 수 없는 일을 의사나 과학자가 하고 있으니 말이다. 실제로 일부 의사들은 자신이 신격화되길 원한다. 그래서 그들은 자신들의 지위를 드러낼 수 있는 어떤 표식을 만든다. 의사들이 진료시에 입는 하얀 가운, 수술할 때 입는 푸른 수술복이 바로 그런 표식이 된다. 흰 가운과 푸른 수술복 자체는 아무런 기능을 하지 못한다. 그저 하나의 표식일 뿐이다. 그러나 우리는 그런 표식 앞에서 주관을 잃고 그들의 말에 귀 기울인다. 하물며 우리는 그들의 엄청난 자신감과 권위를 느끼며 마음의 위안을 얻기까지 한다.

1998년 여름, 나는 아팠다. 아파도 너무 아팠다. 눈동자의 초점이 맞춰지지 않았으며, 혼자 힘으로는 도저히 설 수 없었다. 몸은 홀쭉했고, 눈가에는 피로가 역력했다. 급하게 집 근처에 있는 작은 병원을 찾아 갔으나 담당 의사는 증세를 잘 모르겠다며 큰 병원으로 가보라고 했다. 보름달이 환히 비치는 더운 여름날 나는 가족과 함께 병원 응급차를 타고 종합병원으로 옮겨졌다. 나는 3개월 간 입원하면서 수도 없이 찔리고 꼬집혔으며 환자복을 입고 벗기를 수없이 반복했다. MRI를 찍는 건 기본이고 근신전도, 척추액검사, 엑스레이, CT검사, 혈액검사 등 병원에서 할 수 있는 검사는 다 해본 것 같았다. 피를 너무 많이 뽑아서 발에서 정맥을 찾아야 할 지경이 되었다. 음식을 맘대로 먹을 수 없었고, 갈수록 컨디션은 나빠졌다. 증세와 병명을 확실히 모르는 상황에서 의사는 맘 놓고 수술도 할 수 없었다. 이제 나는 어떻게 해야 하는가? 여기 병원의 의사를 계속 신뢰할 수 있을까? 어떤 전문의를 선택해야 할까? 어떤 결정을 내려야 할까? 나의 증세는 호전되지 않았다. 별다른 개선책이 없는 의사는 이렇게 진단을 내렸다. "더 큰 병원으로 가보세요." 나는 온갖 의사들을 찾아다녔다. 이윽고 나는 일반 종합병원에서 한방병원으로 옮겨졌다. 한방병원의 의사는 나의 맥박과 몇 군데의 침을 놓아보더니 이렇게 진단했다. "구안괘사口眼喎斜네요. 일시적으로 스트레스와 심신이 피곤해서 생긴 병이니 잘 드시고 적절하게 운동하면서 맘 편히 쉬시면 되겠습니다."

우리는 전문가들이 쏟아내는 이론, 규칙, 원칙, 실험을 지혜라고 여기며 그들의 말을 그대로 받아들인다. 그리고 우리는 우리의 지적 능력과 직관과 권력을 그들에게 고스란히 내준다. 그들은 정답을 알고 있고 우리는 하라는 대로 한다. 전문가의 횡포로 느껴지는 이것을 '권위자 편향authority bias'이라고 한다.

최근 실시된 한 실험에서는 한 성인 집단에게 전문가의 충고를 고려해 금융과 관련된 의사결정을 내리게 했다. 이들이 결정을 내리는 공안 연구자들은 fMRIfunctional MRI 스캐너로 그들의 두뇌를 측정했다.[38] 그 결과는 놀라웠다. 전문가의 충고에 직면했을 때 피험자의 두뇌 중 독립적인 의사결정을 담당하는 부위는 거의 꺼 놓은 것처럼 활동을 멈췄다.

전문가가 말을 할 때면 우리는 마치 스스로 생각하기를 멈추게 된다. 이는 문제가 있다는 의심조차 하지 않는 정말이지 무서운 일이다. 나의 실제 사례에서도 의사의 영향력에 벗어나지 못하고 무기력하게 수용할 수밖에 없었다.

전문가라고 해서 항상 올바른 판단을 내리는 것은 아니다. 당신은 의사가 6번 중 1번은 오진을 한다는 사실을 알고 있는가? 병원에서 사망하는 환자 12명 중 1명은 오진 때문에 죽음에 이르렀고, 진단이 정확했다면 그중 절반은 살 수 있었다는 사실은?[39], 당신이 회계사를 고용해서 소득세를 신고할 때보다 더 정확하게 할 가능성이 더 높다는 사실은?

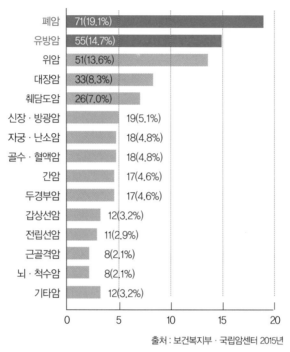

출처 : 보건복지부 · 국립암센터 2015년

〈암종별 오진〉

이러한 통계 결과에도 불구하고 전문가는 자신의 의견을 절대 굽히지 않는다. 실제로 전문가들은 자기가 아는 진실을 고집하는 경향이 강하며 그 진실이 유통기한을 훨씬 넘겼을 때조차 그런 경우가 많다.

1930년대에 미국의 한 의학 저널이 미국 남부의 주들보다 뉴잉글랜드 주, 미네소타 주, 위스콘신 주에서 암이 더 자주 발생한다고 경종을 울리는 논문을 게재했다. 또한 영국이나 스위스에는 암 환자가 많지만 일본에서는 암 발생률이 아주 낮았다. 논문은 암이 많이 발생하는 지역은 그렇지 않은 지역보다 우유 소비량이 많다고 지적하면서 우유 섭취가 암의 원인이라고 결론을 내렸다. 하지만 결론은 잘못된 것이었다. 우유를 많이 마시는 지역은 우유를 마시지 않은 가난한 지역의 사람들보다 훨씬 더 오래 산다. 당시의 평균 수명을 비교해 보면 영국 여성은 일본 여성보다 12년이나 더 오래 살았다. 그런데 암은 주로 노년층에게서 나타나는 질병이기 때문에 오래 사는 사람들이 많은 곳에서 암이 더 많이 나타나더라도 전혀 놀라울 게 없다. 범인은 우유가 아니라 고령old age이었던 것이다.[40]

그렇다면 코로나19로 오진이나 오판한 사례는 없을까? 일본의 가나가와현 소재 아쓰厚木시립병원에서는 20대 남성 및 60대 여성 환자의 코로나19 진단검사 결과를 담당의사가 잘못 해석해 2명 모두에게 '음성' 결과를 통보했다. 뿐만 아니라 영국의 최고과학보조관인 패트릭 발란스Patrick Vallance는 영국의 집단면역을 언급하면서 코로나19가 계절독감처럼 매년 발생하는 질병이 될 가능성이 있다고 진단했다. 그러나 이 역시 완전한 오판이었다. 집단면역은 코로나19 감염자 대부분이 가벼운 증상을 보일 것이라는 전제를 한 것인데, 실제로 코로나19는 독감과 비교할 수 없을 만큼 치명률이 높았다. 참고로 영국은 1901~2017년 생리의학·물리·화학 분야 노벨상을 받은 사람만 87명이다. 코로나19와 같이 정체불명의 바이러스에 대한 의료진의 오진은 모든 진단 중 20퍼센트에 달한다. 이 중 절반은 생명에 위협적인 심각한 증세가 일어날 수 있다.

왜 의사들은 정확한 진단을 하지 못할까? 영국의 경제학자 존 메이너드 케인스John Maynard Keynes는 "사실이 바뀌면 나는 마음을 바꾸겠다. When the facts change, I change my mind"라는 격언을 남겼다. 하지만 실제로 전문가일수록 모순적인 자료를 수정·보완하기보다는 고착화된 가정만을 확인시키는 정보를 취사·선별한다. 전문가들은 웬만해서는 자기 방식을 굽히지 않는다. 돈벌이가 되고 최고의 자리에 오래 있는 사람일수록 자기 방식을 더욱 고수한다.

특히 의사들은 소위 '패턴인식pattern recognition'이라고 불리는 것에 기초하여 병을 진단한다. 의사들은 환자들의 현상으로부터 일정한 패턴을 이끌어내기 위해 사고방법에 있어서 '귀납법heuristics'이라고 불리는 손쉬운 방법을 사용한다. 의사들은 환자의 증세, 신체적 특성, 진단 검진에서 발견된 것, 혈액검사, 실험실 테스트, 엑스레이 연구 등을 통해 정보를 얻어낸다. 또한 대부분의 의사는 환자의 이야기를 듣는 처음 몇 분 안에 무엇이 잘못되어 있는가에 대한 한 두 가지 가설을 만들어낸다. 이렇게 나온 빠른 판단은 옳기도 하지만 오류를 범하기도 한다. 의사들은 생각하는데 있어서 여유가 없다. 이들은 선배 의사들의 견습생으로 일하며 가능한 많은 환자를 보아야 하는 심한 압박이 존재하기 때문이다. 이렇게 성급하게 일하는 것은 사고의 오류를 생산하는 기제가 될 수 있다. 영국 사상가 프랜시스 베이컨Francis Bacon은 연역법을 비판하고 귀납법에 매달리다가 그만 코페르니쿠스의 지동설을 배척하는 오류에 빠지고 말았다.

전문가에
맞서는 법

그렇다면 대체 누굴 믿고 어떻게 판단해야 할까?

첫 번째 방법으로는 당신이 직접 전문가가 되는 것이다. 데카르트가 말했던 것처럼 당신이 직접 전문가가 되어 의심할 수 있는 모든 것을 찾아 스스로 답을 찾는 방법이다. 다른 전문가가 제안하는 '2+2=5'를 그대로 믿을 수는 없지 않겠는가? 에이즈 발생 초창기에 의학 교육을 받은 적도 없고 과학자도 아니었던 미국의 에이즈 환자들이 직접 전문가가 되는 방법을 선택했다. 에이즈 운동가이지 펑크 로커인 브렌다 레인은 전문 용어를 이해하기 위해 과립대식세포집락자극인자GM-CSF에 관한, 두께가 30센티미터쯤 되는 책을 열 번이나 읽었다. 그래서 1980년대 후반 바이러스학, 분자생물학, 면역학, 생물정역학에 놀랍도록 정통한 에이즈 환자 집단이 생겨났다.[41]

두 번째 방법으로 당신 앞에 있는 전문가가 지나칠 정도로 자신만만하다면 재빨리 그에게서 도망치는 것이다. 자신의 지적 능력을 절대적으로 확신하는 것은 마음속의 자만심을 반영하는 경우가 무척 많기 때문이다. 무능한 의사는 틀린 진단을 내린 후 바로 자기가 옳다고 강하게 확신하는 경향이 강하다. 자기 진단을 전적으로 확신하는 중환자실 의사들이 틀릴 가능성은 40퍼센트에 이른다.[42] 그렇다고 코로나19 확진자나 자가격리자가 격리 장소에서 도망쳐 나오라는 건 아니니 오해는 하지 말자. 유럽에서 가장 주목받는 지식경영인으로 알려진 롤프 도벨리Rolf Dobelli는 한마디로 "권위자들은 완벽하지 않다."고 일갈한다. 그는 의사와 경제학자들을 예로 들며, 전 세계적으로 교육받은 경제학자의 수는 100만 명이 넘는 것으로 알려졌으나 "경제 위기가 일어날 시기에 대해 정확하게 예측한 사람은 단 한 사람도 없다."는 것이다.

세 번째, 전문가의 실적을 확인하는 것이다. 풍부한 경험에 비해 적합률은 어느 정도인지? 최근 24개월 내 수술한 환자의 사망자와 회복한 사람의 비율은 어느 정도인지? 과거의 지표가 반드시 미래를 예측하는 완벽한 지표는 아니다. 하지만 가수 신해철의 의료사고처럼 의료분야에서 실수는 돌이킬 수 없는 너무나 치명적이다.

마지막으로 당신이 분석한 기준 신념에 부합하다는 이유로, 그들의 조언이 당신이 듣고 싶어 하는 내용과 일치한다는 이유로 전문가를 선택하지 말라. 전문가의 견해가 당신의 견해와 일치한다고 해서 그들이 항상 옳다는 것은 아니다. 현명한 의사결정을 내리고자 한다면 자신의 의견과 완전히 다른 견해도 흔쾌히 받아들일 수 있어야 한다.

새롭게 재편되는
삶의 방식에 대한 성찰의 기회!

코로나19가 전 세계를 휩쓸자 수많은 사람들이 감금이나 다름없는 상태에 놓였다. 많은 이들이 일자리를 잃었고, 운 좋게 직장을 지킨 사람들은 강제로 집사원(재택근무하는 직장인)이 되어 육아 같은 집안일과 직장일의 균형을 맞춰야 했다. 하지만 일상생활은 뿌리째 뽑혔다. 아이들의 학교 수업이 온라인 수업으로 대체되면서 인터넷 접속에서부터 학습 태도까지 통제·관리하고 심지어 학원까지 온라인으로 진행하면서 방과 후 과제까지 도맡게 되었다. 집안일에 하루 세끼까지 차리느라 바쁜 와중에도 감염 우려로 밖에 나갈 수 없는 아이들의 넘치는 에너지까지 커버해야 한다.

육체적 고통보다 더한 것은 질병에 대한 두려움이다. 배달한 음식과 그릇을 소독해야 할지? 택배 포장 상자는 만져도 되는지? 환기는 얼마나 자주 해야 하는지? 집안 소독은 어떻게 해야 하는지?

아이를 안아도 되는지? 등 겪어보지 못한 진퇴양난의 상황이 줄기차게 밀려오고 있다.

압권은 소셜미디어다. 열린 의사소통을 장려한다는 명목하에 상사나 동료의 가차 없는 피드백이 자판으로 빠르게 쳐댄 문자로 변신하여 컴퓨터와 모바일 메시지로 울려댄다. 코로나19로 경제상황이 악화되면서 직원수를 줄이는 기업이 많아지게 됐다. 때문에 개인에게 할당된 업무량은 점점 늘어만 가고, 이 상황에서 다른 사람보다 조금만 뒤처졌다가는 하루 아침에 일자리를 잃을지도 모른다는 불안감도 날로 심화되고 있다. 이런 나의 마음을 위로해주기는커녕 코로나19가 오히려 기회라며 각종 미디어에서는 '지금 이 상황에 굴복하지 마라'라는 선의의 메시지가 쏟아진다. 시간이 많으니 '다양한 취미 생활을 해봐라', '자기계발을 해봐라', '새로운 도전을 해봐라' 등 격리된 시간을 낭비하지 말고 생산적인 시간으로 소비하라고 조언한다.

현대는 성과 지향적 사회다. 만성적인 권태와 게으름은 죄악이자 시대에 뒤떨어진 것이고 결코 용납할 수 없는 속성들로 치부된다. 현대인들은 무슨 일을 하든 스트레스를 입에 달고 산다. 하물며 유치원생 아이들까지도 스트레스를 입버릇처럼 말한다. 스트레스를 받는다고 말하면 뭔가 계급장을 달고 일을 하는 것 같은 느낌마저 든다. 직장생활과 집안일, 거기에 근사한 취미 활동까지 하느라 정신없이 바쁜 삶을 사는 사람은 타인의 부러움을 산다.

요컨대 우리는 코로나19의 팬데믹 상황에서 이것저것 모두 하다

보니 녹초가 되어가고, 다른 형태로 번아웃burnout을 겪고 있다. 문제는 많은 사람들이 번아웃은 자신과 관계없다고 생각한다. 스트레스 받으며 일과 가사, 취미 생활까지 해야 정상적이고 능력있는 삶으로 비춰지기 때문이다. 하지만 실제 조사결과는 달랐다. 직장인 커뮤니티 앱 블라인드가 한국과 미국 직장인 16,906명을 대상으로 실시한 설문 결과, 우리나라 직장인 10명 중 9명이 번아웃증후군에 시달리고 있는 것으로 나타났다. 번아웃 증후군이란 한 가지 일에만 몰두하던 사람이 극도의 신체적·정신적 피로감으로 인해 무기력증, 자기혐오, 직무 거부 등에 빠지는 심리적 증상이다. 그러나 코로나19 위기 속에서 번아웃은 다른 이유로 생겨났다. 극도로 불안하고 두려운 상황에서 우리에게 어려운 결정을 빠르게 내릴 것을 강요하고 있는 상황이다. 심리학에서는 이를 '결정 피로decision fatigue'라고 부른다.

코로나19 상황에서 하루를 시작할 때 오늘은 확진자가 몇 명 늘었는지부터 확인한다. 굳이 알고 싶지 않아도 전 세계 미디어는 코로나19와 관련된 뉴스를 끊임없이 생산한다. 그 뉴스에는 관계없는 사람의 죽음도 포함되어 있다. 하지만 실제 우리가 해야 할 일은 반복적인 일과 가족과 어떻게 지내는 게 좋은 가에 대한 아주 단순한 정보일 뿐이다. 다시 말하면, 코로나19 팬데믹은 불안할 정도로 새로운 맥락에서 우리에게 어려운 결정을 빠르게 내릴 것을 강요하고 있다. 예컨대 우리는 이웃에게 식료품을 나눠줄지 말지, 옆집 친구 아이와 놀게 해야 될지 말지, 배달 주문의 윤리적 의미 등에 대해서 생각해보지 않았다. 이런 대부분의 일들이 지금까지 경험해 보지 못했던 심리적 스트레스다. 특히 한때는 안식처였던 집이 사무실이자 학교이며 흡사 감옥처럼 된 지금은 더욱 그렇다. 이러한 결정 피로는 우리 자신과 가족, 공동체를 위해 안전한 결정을 해야 한다는 압박감과 결합된다. 그리고 이것이 팬데믹 특유의 번아웃을 초래하고 있다.

더욱 안타까운 현실은 결정 피로와 번아웃을 해소할 곳조차 없다는 거다. 헬스장에 가거나 음악과 미술 수업을 듣는 아주 일상적인 대처 메커니즘도 사라져버렸다. 그럼에도 자기계발서나 미디어는 '새로운 도전을 해라', '다양한 취미를 가져라'라고 외쳐되는 것은 실제로 번아웃을 가중시킬 수 있다. 팬데믹의 상황에서 번아웃을 줄이는 위해서는 이를 위한 활동이 피곤함을 주지 말아야 한다.

전 세계 경제 전문가들은 코로나19로 인해 동시 다발적으로 발생한 제조업 마비현상과 글로벌 공급망Global Value Chain의 위기관리에 허점이 발생되면서 그동안 견고하게 유지돼 온 글로벌 가치사슬의 한계가 드러났다고 강조한다. 기존의 글로벌 공급망 다수가 마비 또는 붕괴되었고 이를 복구하는데 많은 시간과 큰 비용이 들 수밖에 없으며, 복구과정에서 글로벌 공급망의 재편은 불가피해진다. 종합하자면 이제는 코로나19 이전 방식으로는 안 통한다는 거다.

결과론적으로 삶의 방식도 재편이 불가피해진다. 사회적 거리두기, 생활 속 거리두기를 하는 바로 이 시기에 지금 당장 할 수 있는 최선은 우선 번아웃을 초래하는 행동의 반대를 취하는 것이다. 즉 아무 일도 하지 않는 것이다. 그렇다고 진짜 멍하게 아무 일도 하지 마라는 것이 아니다. 지금까지 해 왔던 방식과 습관을 멈추고 현실을 객관적으로 파악하여 '내가 진정 원하는 본질적인 일과 삶이 무엇인지 정리해보자'는 거다. 전 세계가 코로나19로 동시에 멈추어서고 동시에 인류와 자연, 그리고 삶의 방식에 대해 성찰할 기회가 또 있었겠는가? 코로나19는 단순히 바이러스와 질병이라는 의미만이 아니라 우리에게 가만히 멈추어 서서 지금까지 내가 왜 이렇게 바쁘게 살았는지, 진짜 이유를 들여다볼 기회와 용기를 부여해주는 것도 포함된다. 이제 이 책을 덮고 내면으로부터 침잠한 시간을 가져보자.

참고문헌

1) "대구 사람이라면 치가 떨린다." 코로나보다 무서운 지역 혐오, 중앙일보, 2020.05.01.

2) 나카노 노부코, (2018), 우리는 차별하기 위해 태어났다, 동양북스.

3) Martha C. Nussbaum, (2005), Hiding from Humanity, Princeton Univ Pr.

4) 데이비드 롭슨, 코로나19: 질병의 두려움이 인간 심리 변화에 미치는 영향, BBC News. 2020.04.14.

5) 박진영의 사회심리학, 한국사회의 혐오에 대하여, 동아사이언스 미디어, 2019.09.07.

6) IBM 24년 만에 재택근무 폐지… 직원들 서로 만나면 창의성 늘어, Premium report, 조선비즈, 2017.10.19.

7) Business Watch, 원격근무 바이블, 2020.3.13.

8) 지역 백화점 명품 매출만 쏙쏙, 대전일보, 2020.5.10.

9) 시시콜콜 Why, "왜 하필 휴지를" 화장지 사재기의 심리학, 한국일보, 2020.03.17.

10) 윤희영, 코로나19: 사재기의 심리학, 조선일보, 2020.03.19.

11) Guillaume Dezecache, Chris D. Frith, and Ophelia Deroy,(2020.04.18.), Pandemics and the Great Evolutionary Mismatch, Current Biology 30, R1 – R3, Cell Press.

12) 김재호, [브릭통신] 사회적 거리두기, 심리학이 본 코로나19, 대덕넷, 2020.04.09.

13) 손성태, 공짜경제 전략 '페이프리' 적중, 한국경제, 2009.12.03.

14) 교황 "외출제한령 장기화로 여성들 가정폭력에 희생"…보호 촉구, 연합뉴스, 2020.04.13.

15) 자신감 낮을수록 남의 불행 즐긴다, 연합뉴스, 2011.12.12.

16) 니만 마커스 이어 JC페니…'코로나19'발 美 백화점 잇따라 '파산', 위키리스크스한국, 2020.05.18.

17) 리처드 H. 스미스, (2013), 쌤통의 심리학, 현암사.

18) Steinbeck, J. (2008), The grapes of wrath, New York: Penguin, p.349.

19) 비케이 안(2020), 모금학 개론, 한양대학교 출판부.

20) Feinberg, R. A, (1986), Credit cards as spending facilitating stimuli: A conditioning interpretation of Consumer Research, 13, 348-356.

21) Richard Florida, (2005), Cities and the Creative Class, Routledge.

22) 기업 혁신의 엔진 '다양성과 포용력', 이코노미 인사이트, 2018.01.01.

23) 정현천, (2017), 포용의 힘, 트로이목마.

24) 일본서 '무언(無言) 접객 서비스' 소리 없이 확산, 연합뉴스, 2017.06.08.

25) 코로나 불황, 유통업계 '추억 마케팅' '뉴트로' 소환하는 이유, 스포츠경향, 2020.04.17.

26) Jonathan Glover (2012), Humanity, New Haven, CT: Yale University Press, 379-380.

27) Paul Bloom (2016), Against Empathy: The Case for Rational Compassion.

28) Deborah A. Small and George Loewenstein, (2003), "Helping a Victim or Helping the Victim: Altruism and Identifiability", Journal of Risk and Uncertainty 26: 5-16.

29) Tehila Kogut and Ilana Ritov, (2005), "The Singularity Effect of Identified Victims in Separate and Joint Evaluations", Organizational Behavior and Human Decision Processes 97: 106-116.

30) 마스크 쓰느냐 마느냐, 그것이 문제가 아니다, 시사IN, 2020.03.27.

31) 노 마스크, 클로로퀸 복용...트럼프 기괴한 행동 진짜 이유, 프레시안, 2020.05.22.

32) 미국인들은 왜 마스크 쓰기를 싫어할까?, 경향신문, 2020.05.07.

33) 엘리엇 애런슨, 캐럴 태브리스(2007), 거짓말의 진화, 추수밭.

34) 코로나19 비극으로 이어진 인도의 '완전 봉쇄' 조치, BBC NEWS, 2020.03.31.

35) 영화 '기생충'과 빈곤의 심리학, 대전일보, 2020.01.07.

36) 코로나가 들춘 '디지털 가난', 경향신문, 2020.03.03.

37) 가난과 불공정, 동아사이언스, 2018.02.17.

38) Engelmann, J.B., Capra, C.M., Noussair, C. & Berns, G.S. (2009), Expert Financial Advice Neurobiologically 'Offloads' Financial Decision-Making under Risk.

39) Shojania, K.G. et al. (2003), Changes in rates of autopsy-detected diagnostic errors over time. Journal of the American Medical Association, 289, 21, 2849-2956.

40) Stuart Sutherland (2013), Irrationality: The Enemy Within, Pinter & Martin Ltd.

41) Noreena Hertz, (2013), Eyes Wide Open: How to Make Smart Decisions in a Confusing World.

42) Berner, E.S. & Graber, M.L. (2008), Overconfidence as a Cause of Diagnostic Error in Medicine. American Journal of the Medicine, 121.